布教授有办法 | 美国家喻户晓的儿科医生与
发展心理学家 **布雷泽尔顿** 重磅力作

Discipline:The Brazelton Way

给孩子立规矩

（美） T.贝里·布雷泽尔顿（T.Berry Brazelton） 著
乔舒亚·D.斯帕罗（Joshua D.Sparrow）

严艺家 译

化学工业出版社

·北京·

声明：本书旨在提供参考而非替代性建议，一切应以孩子的儿科医生建议为准。本书所涉内容不应成为医疗手段的替代方式。作者倾尽全力确保书中内容与数据在出版时的精准度，但由于持续的研究及海量信息，一些新的研究成果可能会取代本书中现有的数据与理论。在开始任何新的治疗或新的项目之前，你需要就孩子的健康、症状、诊断及治疗问题等咨询儿科医生。

Discipline: The Brazelton Way, 2nd edition/by T. Berry Brazelton, Joshua D. Sparrow
ISBN 978-0-7382-1837-3

Copyright © 2003, 2015 by T. Berry Brazelton, and Joshua D. Sparrow. All rights reserved.

This edition published by arrangement with Da Capo Press, an imprint of Perseus Books, LLC, a subsidiary of Hachette Book Group, Inc., New York, USA. All rights reserved.

北京市版权局著作权合同登记号：01-2018-2249

图书在版编目（CIP）数据

给孩子立规矩/（美）T. 贝里·布雷泽尔顿（T. Berry Brazelton），（美）乔舒亚·D. 斯帕罗（Joshua D. Sparrow）著；严艺家译. 北京：化学工业出版社，2018.6（2025.7重印）

（布教授有办法）

书名原文：Discipline: The Brazelton Way

ISBN 978-7-122-31882-4

Ⅰ.①给… Ⅱ.①T…②乔…③严… Ⅲ.①家庭教育 Ⅳ.①G78

中国版本图书馆CIP数据核字（2018）第065032号

责任编辑：赵玉欣　王新辉　　　　　　　装帧设计：尹琳琳
责任校对：王素芹

出版发行：化学工业出版社（北京市东城区青年湖南街13号　邮政编码100011）
印　　装：北京新华印刷有限公司
880mm×1230mm　1/32　印张8　字数136千字　2025年7月北京第1版第27次印刷

购书咨询：010-64518888
售后服务：010-64518899
网　　址：http://www.cip.com.cn
凡购买本书，如有缺损质量问题，本社销售中心负责调换。

定　　价：49.80元　　　　　　　　　　　　版权所有　违者必究

推荐序

　　我做儿科医生32年，在门诊经常与不同年龄、不同职业、不同地域甚至不同文化背景的家长们交流孩子健康问题。我做育儿的科普工作也有二十多年，现在仍每天通过微博回复一些家长的问题。与过去相比，如今我越来越真切地感觉到，我们的家长不论是"养"孩子，还是"育"孩子，都已经出现了很多与过去相比完全不同的新问题。

　　前些天我在门诊中看了这样一个小朋友：

　　小男孩12个月大，就快学会走路了，在诊室里爬来爬去，不停地尝试站起来，然后倒下，然后继续尝试。我问孩子妈妈："这次孩子来是因为什么原因呢？"妈妈很焦虑，气色显得也不那么好，说："孩子最近一个月醒后就不停地动，即使睡觉时，也不踏实。孩子是否患上了多动症？看孩子特别累。"我继续问："孩子白天吃辅食怎么样？""吃饭也不老实，就像这样不停地爬、扶站。"我开始给孩子检查身体，没发现什么异常，孩子的精神头也挺好的。我告诉孩子的妈妈："回家耐心等待吧，等他学会走路就好了。"

　　这种情况在孩子不同发展阶段其实很常见，**孩子为了取得某方面的发展，会在另一些方面出现一些倒退。**

　　就像上面例子中的小男孩，他因为即将要学会走路，白天不停地尝试站立，心思全在学走路上，对吃饭的兴趣自然下降，同时"会走路"意味着他可以跟妈妈"分离"了，孩子对此是会焦虑的，分离的焦虑加上白天的劳累，出现频繁的夜醒、哭闹就自然了。

我一般会在给孩子检查身体的时候，跟父母聊聊孩子最近的状态，告诉他们孩子很快就会取得突破性的进展，现在只是在积蓄力量，我们需要做的只是耐心等待。这些聊天可以很大程度上缓解父母的焦虑感。

说到焦虑，如今它似乎成了"时代标签"。特别是在育儿方面，我们有更好的经济条件，空前关注孩子的养育与教育，但我们的焦虑似乎更严重了。

我给一个5岁多的孩子查体，查体完之后我让孩子从检查床上下来，这时妈妈蹲下来了，我问妈妈"你要干嘛"，她说要给孩子穿鞋，我问孩子"你能自己穿吗？"孩子说"能"，但是最后妈妈还是自己"帮"孩子穿上了。

我们家长都希望孩子走上独立，可孩子如何走向独立？小到从会捏东西时，就让他自己尝试吃饭；会爬时，就让他自己去拿想要的东西；会穿鞋时，就让他自己去穿鞋……**父母对孩子的过分关注，实际上是对孩子成长的阻挠。**

去年我接诊的一个小女孩，至今印象特别深刻：

小女孩10岁，一直成绩优异，但最近出现气短、胸闷、出大汗、肚子痛的情况，看了很多医生都没有找到病因，家长十分焦急。经过仔细了解，发现其实这是孩子的心理原因导致的——女孩的妈妈可以说是一位高标准、严要求的妈妈，每天都要跟孩子的老师谈话，目的就是希望孩子的成绩永远保持第一。但是夫妻俩的感情不太好，经常为了小事争吵，每次爸爸出差回来，这个10岁的女孩子就要睡在爸爸妈妈中间。在孩子小小的心里，她觉得这是一种防止爸爸妈妈吵架甚至打架的方式，但其实孩子觉得很委屈。

当我们帮助这个孩子、这个家庭梳理清楚其中的关系后，家长才恍然大悟。

举这个例子是想说什么呢？我们经常提到"别让孩子输在起跑线上"，这个提法也是很多父母惯常的思维模式，就是将养与育的着眼点落在孩子个人身上。受这个思维的影响，在养育孩子的过程中，遇到问题习惯从孩子身上寻找解决办法，但很快就发现无能为力。当我们调整思维模式，**尝试把着眼点放在构建更好的家庭关系和社会关系**，会发现很多养育问题自然得解。

我们所处的时代飞速变化着，我们父母对养育的认识也须跟进。布雷泽尔顿教授的《布教授有办法》系列这时候被引进到国内，可以说正是时候。

作为"影响了几代美国父母"的儿科医生，布雷泽尔顿教授**最重要的贡献在于，让人们认识到儿童身心发展是不分家的**。从他开始，人们越来越多地意识到，孩子的生理状况和他的心理状态有非常大的关系。比如在《读懂二孩心理》中，他谈到，家里有二宝的家庭，大宝可能会出现便秘、尿床或者厌食挑食等现象，这时他会给予父母合适的回应来降低他们的焦虑，帮助大宝更好地度过情感焦虑期。反过来说，某些看似心理层面的问题，也可能与生理有很大关系。比如说在《应对孩子的愤怒与攻击》中，他谈到，孩子的"起床气"有时候是和清晨低血糖有关，在那一刻给予更多情感支持还不如一杯橙汁有效。

布教授反复强调："我的工作对象既不是孩子，也不是父母，而是他们之间的关系。"《布教授有办法》系列几乎涵盖了每个家庭可能会遇到的问题。对于孩子的愤怒与攻击、如何给孩子立规矩、二胎时代出现的各种变化等难题，布教授带领我们另辟蹊径，从构建更好的亲子关系和家庭关系入手化解难题。**养育的关系视角是布雷泽尔顿教授作为儿科医生兼发展心理学专家的独特贡献。**

　　布教授活跃的时期刚好是美国社会急速发展的时期，与中国现在所处的发展阶段十分相似，他不仅给父母专业细致的育儿指导，他对孩子身心全方位的关注以及养育的关系视角让父母们对养育更胜任。"他陪伴了几代美国父母，让他们告别焦虑，享受为人父母的乐趣。"这不正是我们中国父母需要的吗？

　　《布教授有办法》推荐给大家，祝愿大家都能享受养育的乐趣。

2018. 5 于北京

　　相比过去动辄棍棒教育的年代，如今大部分父母在对孩子进行管教时会有着各种各样的疑虑："我该不该阻止他做那些事情？这会不会伤害他的好奇心？顺从婴儿会把他宠坏吗？我并不想打孩子，但当我说什么都不管用的时候该怎么做？"在日渐文明的育儿文化中，对于孩子天性及人性的体察势必会在许多父母"立规矩"时被纳入考量，也有越来越多的父母认同：管教并不是为了证明父母自身的力量有多强大，而是为了最终帮助孩子形成自律的人格。

　　在心理咨询室与形形色色的家庭一起工作时，无论采取哪种价值观的教育理念，帮助孩子形成"自律"几乎是殊途同归的管教目标，然而这并不是一蹴而就的。也有很多父母会把"爱"与"管教"对立起来，认为两者是不兼容的。布教授用他一如既往的智慧与慈悲为诸多父母解惑，读者也许会恍然大悟：原来爱不仅仅是全然的满足，也包括让孩子体验到自己的边界在哪里，知道自己失控的时候是有人可以让他停止下来的，合适的"管教"不仅不会伤害亲子关系中的"爱"，反而是孩子内在安全感的重要组成部分。

　　布教授也让父母们看到，实施"管教"的选择有很多，每种选择都有其利弊，最重要的是看见孩子在那一刻究竟有哪些真实的成长需求，而不是去证明父母自己多么有力量与方法去搞定眼前的局面。比如对于一个尚在咿呀学语的孩子而言，"管教"的过程也是在帮助他学习如何运用语言来描述自己的情绪与需求；但对于一个已经上小学能熟练运用语言的孩子而言，"管教"的过程很多时候是在让他思考如何站在他人的立场上思考问题，如何不滥用自身的力量。"管教"的终极目的是"教育"。

本书为修订版，相比更早期的版本，布教授与时俱进地增加了不少更加符合当下现实的管教困境，例如数码屏幕时代所带来的管教迷思等。在本书第一章，布教授一如既往以孩子的年龄为轴，向父母展现了不同发展阶段所会面临的管教挑战，以及这些挑战背后预示着孩子需要在哪些部分得到支持与成长。

第二章从父母的管教行为切入，既聚焦于父母自身被管教的童年体验，又关注当下的管教对于孩子而言会有怎样的体验，深入人心的共情令布教授穿透纸背抚触到读者的心灵最深处，"因为懂得，所以慈悲"的能量在阅读本章时是交织传递的。

第三章与第四章探讨的是充满共性的管教方式，几乎每个读者都可以从中找寻到自己的影子。布教授细腻剖析了孩子面对管教究竟如何可以吸取教训举一反三，又如何会最终形成自律；也帮助家长看见不同的管教方法有哪些利弊权衡，有哪些是值得鼓励的做法，又有哪些是需要尽量避免的错误。

对正在困扰于孩子具体行为问题的父母而言，第五章可能是最先被阅读的章节：具体问题行为的动机及应对方式在本章节中得到了充分的讨论，我几乎可以断言，每个孩子都或多或少出现过本章节中所提到的一些问题行为，这在成长过程中是自然且普遍的，也许通过阅读这些内容也能适当降低父母的育儿焦虑，意识到孩子的现状未必是因为亲子关系出现了严重问题，而是孩子以另一种方式在对父母说："我长大了，请用管教来更好地帮助我成长。"

第六章讨论的则是管教所面临的挑战，其中大部分挑战来源于父母和孩子所处的大环境或家庭现实状况。在快餐式育儿知识流行的今天，布教授不紧不慢地试图让读者意识到每个孩子都需要量身定制的管教方案，而在这个管教方案的探索过程中，个体差异、集体环境、文化背景都是需要被纳入考虑的元素，脱离了这些语境而空谈管教策略注定会是无效的。

我经常用太空漫步的图景来向父母们解释边界与管教对孩子的重要意义：在漫无边际的太空中，如果一个人在独自行走，他看上去是自由的，但倘若没有牵制与规则，这也是令人恐惧的；在观看这样的画面时，如果这个人身上绑着一根牵引绳，能够在局面有点失控时回到太空舱内，这反而会让观众松一口气，觉得他是安全的。这种意象就好比我们给予孩子的管教：没有"不"的教育看似自由，实则令人感到不安；有时候正是因为有一个稳定可见的原则，才让探索变得充满底气。这正是孩子从恰到好处的管教中所能体验到的。

布教授的这本书就如同那样一个"太空舱"的操作指南，我真诚地希望每个爸爸妈妈都能读到它。

严艺家

2018 年 3 月 5 日于上海

目录

第二章　选择合适的管教方式

管教不是惩罚，是教育，好的管教一定是基于对孩子充分的了解。

第三章 孩子出现"坏"行为，试试"五步管教法"

能量不分正负，都是爱和成长开始的地方。

第四章　立规矩的小技巧

管教的目标远不止于制止和惩罚某种"坏"行为。

第五章　孩子出现恼人行为怎么立规矩

管教孩子的过程，也是孩子学习的过程。

第六章　特定情景下如何立规矩

总有一些情况，让管教变得更加棘手，而我们不得不面对。

开篇　养育的挑战

给孩子立规矩

　　过去十几年里，我们这本书的第一版非常畅销，然而，世界的变化之快令大多数人始料未及。当然，很多亲子养育问题并没有随着时代而发生太大变化。但一些新的问题——同时也是新的机遇出现了。电子信息技术的发展及工作方式、家庭、社区的变化及全球化的变化趋势都在重塑这个世界，而我们需要在这个世界中管教我们的孩子们。这些趋势也很有可能会重塑我们的未来，而管教可以让我们为此做好准备。

　　无论这些变化存在与否，父母们都非常需要在孩子出现不良行为时得到帮助。我们希望这本全新的修订版可以把经过时间检验的指导方法带给有需要的父母，并且以不变应万变的方式面对我们所处的世界。和第一版相同的是，本书既未想全面覆盖儿童的行为挑战，也不想替代第一手的专业诊断与治疗方案。

互联网时代的养育挑战——信息过载

　　如今，父母们似乎不像过去那么迷信亲子"专家"或"大咖"，尽管这类人的数量有增无减。相应地，父母们彼此产生了更多的联结，互联网使忙碌的父母们可以更加便捷快速地获取信息，而无需依赖面对面的父母小团体。另一些父母则更容易迷信权威，似乎会无条件吸纳他们的建议，尽管有时候那些建议并不适合自己的孩子。亲子养育博客、亲子养育聊天室以及其他父母之间的信息资源都让父母们有机会去分享挑战与建议，并且在遭遇危机或崩溃感的时候得到及时的安慰。

尽管父母们可以做很多事情来支持彼此，并且有许多可以传授的宝贵智慧，通过互联网分享信息也不可避免地带有局限性。首先，网上能够得到的海量信息经常会让父母们无所适从，而他们都如此迫切地想要成为最好的父母。第二，大部分信息并不确切并且没有经过证实，而家长们又不得不自行消化那些自己所读到的内容。而且很多信息是自相矛盾的，它们有可能来自其他父母，也可能来自专家，并且这些信息会快速发生变化或过于主观。更糟糕的情况是，有些信息甚至可能是有害的。

为了吸引广告商，网站和在线杂志经常试图营造其读者非常富有的氛围，他们能够为孩子买所有类型的商品。这当然不是现实，并且过于夸大养育孩子过程的浪漫幸福面会让很多父母感到无法融入甚至无法胜任，或两者兼有。虽然父母们可能有很多相同的想法，但基于文化、阶层与个人状况，也存在许多重要的差异，但这些差异经常被养育孩子的商业化所掩盖。当那些方法与建议似乎脱离日常现实时，这势必会让父母们意识到那些提供建议的人并不真的了解养育孩子是怎么回事。父母们需要记住的是，最重要的指南是自己孩子的行为、他们对于孩子是怎样的人的深刻认识、他们希望孩子成长成怎样的人，以及来自他们家庭、文化及社会的期待。

"锦囊妙计"与"速成法"阻隔了亲子沟通

由于现在我们所面对的海量信息超过以往任何时代，而个人时间又甚为宝贵，许多亲子信息类媒体都会把一些内容简化成抓人眼球的表达。这么做是为了让忙碌的父母们暂时放下手中繁忙的事务，快速吸引他们，直到下一条弹出广告或抓人眼球的内容将他们吸引去了另一个页面。碎片化信息所导致的一个结果是孩子独特的个性会被淹没，取而代之的是千篇一律的"标签"，而父母基于本能的智慧也会被忽略。孩子们充满挑战的行为会被视为是需要抹去的干扰，但它们恰恰都是重要的沟通信息，这样父母们就没有机会去了解这些部分。

当然，许多行为是必须且可以被阻止的。但如果我们不去了解它们，很多行为会再次出现，并且激化其他一些行为的出现。尽管不良行为令人感到麻烦和压力，但同时也是一种契机。对孩子而言，每种行为挑战都是一次在父母的帮助下学习如何自控、如何站在别的立场上思考及解决问题并发展复原力的契机。然而，大量的网站与媒体会宣扬所谓的速成法，一些诸如"搞定大发雷霆的八种方法""五步终结二宝之争的妙方"的承诺正是利用了父母这些可以被理解的绝望感，这些方法并没有基于父母对于孩子已有的了解，也没有把每个孩子在成长中所获得的特别力量纳入考虑。

这类信息只是为了尽快消灭那些不良行为，而且越快越好。这当然是父母们想要的，并且某种程度上也是无可厚非的。但是我们也需要思考，这些方法究竟能让孩子学到什么（"我要做那些周围人让我做的事情，这样就会有奖励，"或者"爸爸比我更厉害"）以及我们更希望孩子学到什么。速成法给人的印象是，"成功的"养育意味着短期内的行为控制，而不是去教会孩子那些能受益终身的技能。

很多类似于"10种停止孩子不良行为的简易方法"事实上的确能改变孩子的行为，但只是在一小段时间内。用奖励、贿赂、威胁和惩罚来吸引孩子的注意力和让她停止不良行为是容易的。这些方法在训练小狗的时候也很管用。有些方法的确有其存在的意义，而另一些方法则可能低估了父母和孩子，它们并不会关注孩子想要形成自控的内在动力。

一些短视的育儿资讯也会强化很多父母的内疚感：

·"明明有那么多简单的方式可以控制孩子的行为，但在我们家似乎是没用的。"

·"孩子的行为表明了我是怎样的父母。"

·"其他人看起来都知道如何养育孩子。"

这种脆弱性不堪一击。而事实上，为人父母就和孩子的成长一样，是个不断试错的过程。在面对错误的时候，会不断学习和成长，而不是期待永远不犯错。无论多么智慧或权威，任何建议都需要每个父母去重新修正，以适应自己孩子的成长。

"虎妈"成功的真正原因你并不知道

从来都不缺少声称自己拥有最佳方法的父母或专家，但结果常常是苍白无力的。虎妈的孩子会顺从地去做那些被告知的事情，甚至可能会收到顶尖学府的录取通知书。但这么多年来，我们并不知道他们如何过活以及如何面对生活中的挑战。并且我们可能永远也不会知道那些孩子究竟是如何被养育的。

父母当然要对孩子充满期待并设立界限。孩子当然要养成坚毅的品质，并且重视实践和刻苦学习的价值。这些品格的养成正是源于那些面对艰难任务时的努力与斗争，只有在耐心与付出的基础上才能有所收获。那么一个成功的虎妈还可能会给到孩子哪些也许她自己都没意识到的支持呢？如果鼓励、希望和关怀是她对孩子们所付出的核心内容，那么也许这些才是他们的动力与成功背后的秘密。

你是控制型父母吗

在本书第一版出版后不久，越来越多的父母发现自己被贴上了"控制型父母"的标签。这些父母不分昼夜地围绕在孩子身边，试图对他们的周遭环境与体验实施完全的控制。有些时候，当老师、医生和其他专业人士与孩子相处时会使用这个标签来让父母走开，并且无法认同父母了解孩子的独特优势。但是能与父母形成工作联盟对各方来说都是有好处的，特别是孩子。

一些控制型的养育方式可能也与如今高涨的育儿话题关注度以及对于父母要求更高有关。特别是女性被期待成为"万能的"——在艰难的职业发展道路上取得成功的同时也是个好妈妈和好妻子。但是从来没有完美的父母，相反，父母都会从试错的过程中学习如何为人父母，也需要对孩子进行近距离的仔细观察。孩子的行为本身就是指南，父母的经验和所处社会与文化的期待同样也是。

尽管如此，一些育儿中无法放手的状况的确正在逐步增多。从某种程度上来看，现在的世界比过去要危险，相比过去那个孩子有更多空间去闯荡、玩耍的世界，如今的环境使人们对于风险的容忍度远低于过去。父母们也意识到孩子们处在一个人口过多、竞争激烈，以至于资源萎缩的世界。当周围看上去并没有足够多的资源——无论是水、食物、居所、能源、足球队名额或顶尖学校的一席之地——父母们可能会合理化自己的干预，以确保孩子能获得足够多的东西并且不落后于他人，尽管其他人的孩子有可能会面临那样的境遇。

很多夫妻也会把生育计划推迟，并且选择只要一个或两个孩子。相应地，相比过去，现在每个孩子都会以不同的方式感受到自己有多珍贵。当孩子的数量较少且来之不易时，父母们一定会过度保护他并且疏于管教。他们也可能只关注自己的孩子，而不是关心所有孩子的福祉，只会对那些他们在乎的方面和不良行为进行管教（这也是教师、儿科医生和其他一些在儿童集体环境下工作的人员所担忧的状况）。

当父母们走到一起以集体的形式分享与强化他们对于孩子的价值观与期待时，他们也能齐心协力地增强彼此的父母效能感。如果为某个儿童个体寻求特殊待遇，这有可能会阻碍她了解努力学习的价值及取得成功的重要性，这同样会干扰到她学习分享、给予和牺牲的能力。当父母们徘徊在旁，他们可能会阻碍孩子经历那些自己需要学习面对的压力。当父母试图保护孩子使其免于面对自己行为的后果（例如打了同学或没做作业），他们同样是在干扰外部世界帮助孩子学习自控过程中所扮演的角色。等再过几年，当父母无法全然在场或者无法让自己再以这些方式参与其中时，年龄大些的孩子和青少年就有可能会闯祸或难以适应环境。

很多控制型父母出现的另一个原因是，人类还没有进化到能够单独育儿或只在核心家庭内部进行育儿的程度。在大部分的人类历史中，父母都是通过许多人的帮助来养育孩子的，如今很多地方依旧如此。核心家庭这一近现代产物也就出现了一个多世纪而已，而且大部分出现在美国和欧洲。在最近几十年，很多父母因为工作的原因越来越远离家庭。收入的减少与从事多份工作的需求，还有让人在家也能工作的电子信息技术发展，这些最终使关系的平衡岌岌可危。当我们试图看看一个或两个父母能在多大程度上只靠自己来养育孩子时，就会自然发现父母会在家庭以外寻求帮助。无论是在医生的诊室里、教室里或幼托社区中心，父母都有可能重建合作育儿的传统，并且在 21 世纪重塑这种方式。当父母能够在核心家庭以外寻求更多关系的支持时，那么和他人一起照顾孩子一定会引发一些暂时的挑战：到底该听谁的？何时听？该相信多少？

"快乐养育"为何让父母压力更大

近年来，"脑科学"经常被育儿"专家"所提及，向人们展现了在生命的头三年中大脑会发生多么令人震惊而复杂的变化。作为研究婴儿神经可塑性的先锋之一，我（布雷泽尔顿）对于这些研究发现以及早期互动对大脑发展的促进最终能得到广泛关注而感到欣慰。

但是，这些儿童早年经历对于大脑发展的重要影响的研究也增加了父母养育孩子时的压力。父母和其他照料者总是需要在场，并且充分回应孩子，不断和婴儿保持意料之中的、有意义的及越来越丰富的沟通——即使当时只是人之初的阶段，孩子们还远没有开口讲话。这些互动形式在每个家庭、每种文化和每种情境中都是不同的。但很多父母相信早期的大脑发育只能通过一种正确的方式去实现。这就难怪父母们会感觉与其他父母之间存在诸多竞争，并且可能会通过孩子的成就来衡量自己的价值，例如他们的早期阅读能力及测试成绩等。

父母所面对的另外一种压力是，养育出世界上最快乐的孩子，这使得父母之间又多了一重竞争。这种不切实际的目标使得父母难以接受自己作为管教者的角色，因为那意味着他们必须有时要给孩子立规矩或强制实行一些规则，这会令他们的孩子感到痛苦——暂时的痛苦。

很多工作时间很长的父母会希望自己能够和孩子相处更长的时间，并且当然希望共处的时候更开心一点。他们也会担心自己错过孩子生命中的一些重要时刻——例如第一次开口说话、第一次走路、第一次交朋友等。显而易见，父母们都渴望孩子是快乐的，并且希望那样的时刻会令他们感到更安心。

我们当然都希望孩子们是快乐的，但这并不完全由父母说了算，并且我们不可能要求孩子和父母在所有时候都是快乐的。这个目标不仅是不现实的，而且还会干扰其他更重要的目标：学会坚持努力工作、学会处理失望与失败，并且学会照顾那些看上去并不那么幸福的人。很多幸福时刻可能是这些重要目标的附属品。

我们衷心希望父母和孩子能找到本书中所提及的"管教是教育而非惩罚"的体验，并且在关系中也能在彼此身上体验到安全、理解、大量的趣味性以及持续的快乐。

管教的首要任务是确立终极目标

管教是父母能给孩子的第二个重要礼物，当然"爱"是第一位的。但孩子从管教中得到的安全感也是基本的，因为没有管教就没有边界。孩子们需要边界，并且从中得到安慰、鼓舞。当父母们足够在乎并愿意把管教作为一份礼物时，孩子们会知道自己是被爱着的。

管教是教育，不是惩罚，它们并不是一朝一夕就能达成的，而是需要重复与耐心。父母管教的长期目标是培养孩子的自控能力，这样孩子最终会为自己建立起规则，这个过程会持续好多年。在本书中，我们希望先让父母对于孩子早期的发展过程形成一幅图景——也就是与管教有关的"触点"。当能够在早期设立一系列坚定且充满爱意的规则时，父母就是在帮助孩子建立起适用一生的内在规则。进行管教的契机可能远远早于很多父母意识到的时候，甚至从孩子出生后的头几天就已经开始了。

　　当父母们在待产期间想到这一点时，会难以想象自己有一天会对这个期盼中的孩子说"不可以"。但到了孩子差不多八个月大的时候，一个按照典型发展速度成长的孩子就会清晰呈现出自己在做不应该做的事情，并且在某种程度上是有所意识的。当她调动四肢爬向火炉时，她会停下来看着爸爸的脸，并且知道这是对她表达反对的区域。她把头一扭，微笑，然后前倾，仿佛知道爸爸一定会跟过来阻止她。

　　这是每个父母的必经之路，当他们面对这些新的责任时，内心对于孩子天真无邪的想象就会动摇。满足婴儿的需求以及对其提供保护已经远远不够了，现在他们必须要限制孩子的欲望并且保护她免受自己的伤害！当父母通过说"不"有意识地限制孩子的行为时——这样的过程可能会导致孩子的情绪压力，但这对她的健康成长是有必要的——这一点在大部分父母刚刚开始养育孩子时并不会意识到。孩子的压力也必然会和父母的压力联系在一起，当他们逐渐意识到孩子从他们这里需要得到什么，以及为人父母究竟意味着什么时，他们也必须学会容忍孩子对父母的怒火。

　　我们管教孩子的方式同时呈现了一部分的自我，比如自己小时候是如何被管教的，以及我们对于那些伴随我们长大的或者缺失的管教方式有何反应。在我们给孩子所提供的管教背后，是我们关于他们有何种能力的信念，关于他们会成为什么样子的想象，关于我们让他们准备好去适应的世界所具有的希望及恐惧。我们的管教也会折射出社会的价值观，因为作为父母我们知道自己需要对孩子的"坏行为"负责，我们知道养育"好孩子"的努力是要被他人所评判的。

管教在不同的社会中有不同的目标。在威胁到生命的环境中，管教必须教会孩子生存技能。而在个体性被珍视的社会中，父母要用管教来鼓励自我表达。当个人成就是令人敬仰的，管教就会被用来鼓励孩子为与众不同付出努力，并且可能不会阻止她的不择手段。在一个希望个体需求让位于集体需求的社会中，管教可以帮助孩子理解适应环境的需求，并且可能会惩罚其不服从或特立独行。

父母和专业人士可能需要理解管教行为是受到文化影响的，并且会以清晰和持续的方式遵循那些文化中的价值观和传统。

管教需要根据每个孩子的个体情况来量身定制，并且必须要达到一个平衡点。清晰一致的规则和期待是有必要的，并且在不遵守时必须要其承受坚定的后果。但也需要理解孩子的内在动力，了解她在不同年龄段知道什么，以及她能够承受的情感阈值是什么。这点对父母而言比简单地实施严格或宽松的管教要困难得多，但养育一个有道德和高情商的孩子最终要比养育一个顺从的孩子更有成就感。

儿童发展专家塞尔玛·弗雷伯格曾经说："一个不被管教的孩子是一个感觉自己不被爱的孩子。"但管教并不会让父母收到来自孩子的感激，直到孩子们经历了自己为人父母时的酸甜苦辣。

第一章　好的管教始于了解0～6岁发展关键点

"一个不被管教的孩子是一个感觉自己不被爱的孩子。"

——塞尔玛·弗雷伯格

给孩子立规矩

管教，顾名思义意味着"教"。幸运的是，孩子生命的头六年是进行学习的珍贵契机。长大后他们依旧有机会去吸取一些经验教训，但对孩子而言可能会更艰难甚至更痛苦一些。在孩子生命早期所要取得的一些成就中，管教扮演了重要角色：

1. 自控——识别自己的冲动——是什么触发了自己的脾气，冲动会如何伤害他人，以及学习如何不将之付诸行动；

2. 识别自己的情绪及意识到其成因，命名它们，表达它们，或者在有必要的情况下克制它们；

3. 想象他人的感受，理解它们背后的成因，在乎他人的感受，并且意识到自己对他人所造成的影响；

4. 发展"公平"观念，以及能够实践"公平"行为的动力；

5. 利他主义——发现给予的乐趣，即使是为别人牺牲。

以上所有这些至关重要的品质都会在青春期和更漫长的人生中拥有一席之地，而相比小时候，长大后这些品质是更难以习得的。如果孩子没有这些品质的话，未来的养育挑战就会更加艰巨。

在本书中，我们会不断谈论到"触点"的概念，是指当孩子面临一个发展飞跃期之前会出现行为倒退的阶段。在触点出现的阶段，父母们一定会感到焦虑，甚至易怒；整个家庭的心理平衡可能会暂时性地分崩离析。当父母们确定孩子并没有生病，他们可以试着后退一步，让孩子独立面对挑战，或者在有需要的时候给予鼓励。

尽管我们会提到这些变化有可能出现的时间节点，那些因为一些身心障碍干扰其发展的孩子们则会以自己的节奏去经历这些变化。无论面对的是怎样的孩子，触点的到来都会让父母们思考管教在此刻是否比以前更必要，还是管教放松一些会更好？

0 ～ 6个月——为接受管教做好准备

从出生那一刻开始，为了在自身需求和周围环境要求之间寻找到一个平衡点，婴儿就必须学习调节睡眠、清醒、烦躁和哭泣等状态。他要学习自己入睡，以获得更多能量或者保护自己远离过于刺激的声音和亮光。他要学着通过大哭来让周围人了解自己的需求，并且通过不同的哭声表达不同的需求。他要学习如何凝视照料者的双眼，让对方知道自己对他有多重要，并且尽可能多地去了解对方。每个婴儿都会以他特有的方式去寻找到这些平衡点。

学习自我安抚——接受管教的前奏

有些婴儿通过把拇指塞在嘴里或者摩挲小毯子很快就学会了安抚自己，而另一些婴儿则需要被抱着，或者听温柔的话语，或者被轻摇以安抚自己。每个婴儿都会试着把自己的安抚策略和父母所提供的方法进行结合，这也许就是他律和自律的前奏。当婴儿早期学习如何处理哭泣和其他状态时，也为日后学习如何管理冲动与情绪奠定了基石。为人父母是一个不断尝试和犯错的过程。新生儿的父母很快就会知道，他们无需对孩子的每一次哼唧都付出巨大的努力进行回应，也许更为明智的做法是，凑过去看看孩子自己是如何努力调节自身压力的。通常，当你见证了宝宝有多少资源能够用来自我安抚时，你就会感觉自己可以后退一步。在另一些时候，你也许瞬间就会意识到宝宝需要被抱起来，放在怀里安抚一会儿。

当婴儿对你的安抚做出回应时，也许你需要开始对他进行再次观察。比如，孩子是否有能力自己来保持这种全新的、更愉悦的情绪呢？还是当他被放下来的那一刻就会再次彻底崩溃呢？也许婴儿会用手背轻抚脸庞，或者他可能会盯着植物的叶片发呆，而你会决定是否将他放下让他自己安静一会儿。

当你那么做的时候，他可能会再次开始抽泣。这一次你可以试着不要马上把他抱起来，你可以轻柔地对他说："你能做到的，你可以让自己安静下来的，没问题的。"如果婴儿安静下来了，告诉他："你做得真棒。"通常婴儿的脸庞会神采飞扬起来，然后，你们两人就可以通过凝视、微笑和咿呀学语的方式继续沟通了。

何时互动何时安静，婴儿自己说了算

在1～2分钟后，婴儿会把目光移开，并且看起来不再那么活跃。此刻他感到疲劳了，也学会了通过回避的方式来使自己平静下来。如果你感觉他累了，尽量尊重他需要简短休息一下的需求。

通过短暂的后退一步，你就是在给宝宝机会尝试其内部控制。当他需要外部力量加以控制时，他会向你寻求帮助的。如果你为他提供了一切所需要的安抚，他就没有机会去进行自我学习。如果你什么安抚都不给他，宝宝无法学着让自己平静下来，也无法依靠自己的力量进入到一种专注清醒的状态。相应地，他可能只会通过退缩回自己的世界来学习面对外界压力。这种有局限性的策略会让婴儿变得难以沟通，无法得到充分的发展。

如果在头几个月里，父母无法理解或尊重婴儿和父母联结或断开联结的需求，那么孩子就失去了学习调节自己兴奋水平最早期的机会。当你和宝宝挠痒痒或咿呀学语时，他会变得越来越兴奋。而在兴奋达到一种巅峰状态时，就会超过他所能承受的范围。当孩子暂时回避时，他会收拾好心情，这简直类似于他自己实施了一次"隔离冷静"策略。注意这些节点，那都是孩子的学习契机。

规律睡眠、规律吃奶、会自娱自乐——她准备好了

到了三四个月大的时候，婴儿已经可以通过各种方式来取悦自己，例如凝视挂在婴儿床周围的玩具，聆听响铃或拨浪鼓的声音，他甚至会开始想要去拿那些玩具，尽管可能还需要至少1个月或更长的时间才能真的做到。现在他已经有足够的能力把喝奶的间隔延长到3～4小时一次，并且可以有更持久的睡眠时间。这些新的特质并不是孩子独立实现的，而是在父母微妙的要求下逐渐形成的。

当婴儿醒来或发出第一声抽泣时，试着在宝宝摇篮边稍等一下，观察一下他是否有能力转向自己的玩具。如果他的确做到了，你可以快速后退一步；如果他做不到，你可以摇摇那个玩具以吸引他的注意力。接着，可以近距离观察一下，如果他

依旧无法安静下来，你可以把他抱起来。但是当他安静下来的时候，你可以再次尝试通过视觉和听觉让他产生兴趣，从而使他能够自己创造新的体验。也许你会觉得这样做是在冷落孩子，但事实是，当你密切观察何时可以快速后退一步时，其实你是在帮助他学习如何依靠自己的内在资源。

如你所能观察到的那样，甚至在父母们还没意识到自己其实是在管教婴儿的时候，他们就对他已经有了各种微妙的要求，来将哺乳与睡眠调节至白天－夜间的规律循环。即使关于管教的观念还没有完全形成，父母也已经在用各种方式使3个月大的孩子利用自己的内在资源去入睡，去延长喂养之间的间隔，在面对压力时平静下来，在无聊的时候能自娱自乐。这些早期的模式都是在为管教奠定基础，并且让孩子做好心理准备去接受管教。更重要的是，婴儿已经开始学习利用自己的内在资源去适应世界。

7～8个月——需要开始管教了

在七八个月大的时候，开始爬行的婴儿就已经需要管教了。一方面是吸引他去开拓的新领地，另一方面则是父母严厉的警告："不，不能去火炉旁边（或者是电视机、落地灯等）。"

很快，他就知道自己一定会得到回应的，并且他会在移动前来确认你的面部表情。如果你的表情在说："回到这里来。"他就会更快地爬向被禁止的方向——仿佛需要确认你一定会冲过去追他。他通过不断试探的方式在学习什么是限制与界限。

婴儿会被宠坏吗？

有些父母担心，过多地抱着婴儿会把他宠坏。我们并不认为七八个月以前的婴儿会被宠坏，直到那时，宝宝和父母都还在非常努力地学习了解彼此，父母也在努力观察孩子究竟能为自己做哪些事情的种种迹象。如果你感觉自己必须让宝宝免于经历任何压力，也许相应的代价是孩子无法通过这样的过程进行学习。相反，父母可以停下来并且仔细观察一下。也许孩子在哼唧了几声之后，甚至可能还伴随有惊跳，他可能会开始用手指摩挲小毯子柔软的一角，也有可能凝视着你的脸，并且平静下来。

到了七八个月大的时候，婴儿开始学习调节自己的状态，会使自己全神贯注地凝视父母而这使其雀跃不已，在难过时安抚自己，在疲劳或无法招架周围的刺激时使自己进入睡眠状态。他们会持续不断地去努力实现这些成就。但那些没有机会去安抚自己或靠自己平静下来的婴儿，例如那些总是被奶睡的婴儿，有可能会依赖于他人安抚。

开始管教第一课——带宝宝进厨房

有关厨房的安全话题是第一课。试着站在火炉边，伸出指尖凑近它，然后迅速把手指抽回来，夸张地甩动它，配合着眉眼之间的痛苦，大声嚷嚷："嗷，太烫了！"如果他一定也要试试看，不要允许他用指尖以外的部分去触碰火炉边上，并且首先需要用你自己的指尖先去试探一下表面温度以确定宝宝不会被烫伤。但更好的方案还是在他的指尖真的碰到火炉之前就能感受到炙热的空气，"烫！"，要确保他知道这并不是一个游戏。如果你对待此类教育的方式非常严肃而坚定，宝宝就会知道你是认真的。当然在这个年龄阶段，不能把婴儿独自留在他想要试探的危险旁边。

何时让她自己吃饭

差不多在这个年纪的时候，孩子会发展出一项只有人类与类人猿所具有的技艺。当能够使用拇指和食指去抓握和控制小物体，并且将其作为工具来使用时，这让宝宝有了探索世界的全新力量。他一定会坚持要自己吃东西，并且把食物扔得到处都是。父母在绝望中简直想要撑起雨伞或穿上雨衣。因为现在正是撤掉地毯，铺上防水布的时期。

你当然会担心他是否能自己吃到足够多的食物，但如果你与宝宝自己吃东西的决心对着干的话，那你一定会输的。让他双手各自拿一个勺子，然后你可能需要面对一些掉在周围地上的食物。如果你弯腰捡起掉在地上的勺子并且再次给宝宝，一个会让孩子乐此不疲的游戏从那一刻就开始了。当你一边抱怨一边弯腰去捡，到底是谁在控制局面呢？当你因为疲劳而停下来，那也是在向他展示他的力量对你的影响是有限的。

父母可以给孩子提供食物，但无法逼迫他吃。如同管教一样，喂养也必须成为孩子自己的成就。

她会指着东西要了，得意之余莫忘说"不"

差不多在同期，婴儿发现自己的手指又具有了一项重要的新功能：指示。在一个婴儿学会"指示"之前，父母们经常难以读懂他的渴求，并且也让无法表达其想法的孩子万分沮丧。现在他只需要伸出手臂和食指，仿佛在说："把那个给我。"这是婴儿在沟通能力方面取得的重大发展。在这个阶段父母们对于能清晰理解孩子而感到高兴，并且会把自己放在一个"召之即来，挥之即去"的位置上。但也总有那么一刻，父母会理直气壮地说："不，我不能给你那个。"管教也意味着帮助孩子面对和掌控挫折。对这个月龄的孩子而言，用一个好玩的玩具吸引其注意力也许是有用的，但其作用并不会持续太长的时间。很快，他就会把自己想要什么牢牢记在脑海中，并且即使这样东西在视线以外也依旧能够记得。那一刻，用其他东西吸引其注意力的方法就不再奏效了。不幸的是，这种状况通常出现在婴儿学会用新的方法来处理挫败感之前，那些新的方法包括"语言"。

宝宝开始"认生"了，如何避免"尴尬时刻"

伴随着这些新的能力，这个年龄阶段的婴儿已经准备好去面对周遭世界中一个全新的维度：熟悉的与陌生的事物之间的差别。在这几个月，他已经注意到并回应了父母和另一些人之间的差异，甚至会对陌生人做出不同回应。但突然，"陌生人"这个概念仿佛击中了他。每当有人接近他，他就会开始哭泣，把身子转开，并且努力靠近父母。这些黏人和哭泣的行为都是伴随着他新"触点"的退行：宝宝开始对他生活中的人及其角色有了全新的理解。怪异尴尬的瞬间是不可避免的，例如他的拒绝可能会伤害到好心的祖父祖母们，他们是如此想要接近宝宝。

当这个触点出现之际，管教必须要考虑到孩子的发展能力。管教是"教"，并且是时候在遇到新的人之前和宝宝聊一聊了。你可以温柔地帮他做好准备面对自己那些恐惧感，并且给他信心，让他了解即将遇到的人身上有哪些积极的特质。但他依旧只能用自己的节奏去接受一个陌生人。如果他感到害怕，他就需要安抚。"陌生人"也许需要理解，在这些激烈反应的背后是婴儿在理解能力与智力方面的新飞跃。如果你可以事先打招呼让"陌生人"保持低调，避免直视婴儿的眼睛——因为这么做一定会让这个年龄的宝宝哭泣——那也会有所帮助。如果宝宝可以按自己的节奏去了解陌生人，他就会了解到自己掌控局面的感受，并且慢慢适应他对于"陌生与熟悉"的鉴别能力，尽管这种能力在一开始令他感到恐惧。而"礼貌"会在日后到来的。

9～12个月——会察言观色，需要认真管教了

到了9个月大时，一项新的杰出发展正在逐渐显现出来，那就是"社会性参照"能力。当宝宝转向父母的面部表情寻求信息时，表明他已经能够对父母的表情进行"解码"——父母

对于周围事物的反应是什么，包括对于他本身的行为。这项新发展出现的时机简直天衣无缝，因为这个阶段很多婴儿开始爬行。在"认生"的高峰之后，他们现在可以利用父母的非言语行为来肯定和指引自己。

例如，当宝宝爬向洗碗机，渴望玩那些禁止触碰的按钮时，他会停下来并且望向父母的脸。他已经可以识别出父母板着的脸仿佛在说"不"。他也许已经知道洗碗机是禁止的，但任何孩子都有强烈的冲动去试探父母是否会用面部表情给自己提示，去厘清自己的欲望所唤起的各种困惑。这时他们开始需要认真的管教。在这个阶段之前，分散注意力的办法经常是管用的。而现在，他们更需要的是来自父母的"坚定"。

她不断地试探，直到你清晰果断地说"不"

在生命中的头几年，儿童会投入大量的精力来面对一些任务，而这些任务一旦被掌握，就会变成自然而然的一部分。例如，不单单通过语言来揣摩父母的意思，还要通过他们的音调、面部表情和手势来揣摩。当我们能够帮助父母意识到孩子有多么努力，要学习多么海量的东西，并且有多么需要通过我们的行为来寻找意义时，这会给父母带来支持。如果父母能意识到这些的话，就会把孩子的不听话视作他们学习道路上的试错，而不是对于父母的攻击。我们也需要理解，父母对于不良行为果断说"不"是多么重要。

在这些早期阶段，清晰一致的信息是最重要的——这意味着在相同的情境下，父母能给出相同的回应。如果当婴儿爬向洗碗机时，妈妈对他的玩心大发流露出微笑，那么宝宝当然会探过身去看看自己是否能摁到按钮。当妈妈说"不能碰"的时候，如果嘴角有一丝笑意，孩子也依旧会去碰那些不该碰的地方。当妈妈回应的方式如此令人困惑，他当然就会再次试验来看看妈妈到底是什么意思。婴儿对父母复杂的信息做出回应，而其复杂性对于婴儿来说是不清晰的、难以理解的。孩子会不断进行试探，直到妈妈说"不"的时候脸真的是板着的。

婴儿需要父母不断说"不"，直到他们吸取教训并且再也不需要去试探那些行为。他们是通过"重复"来进行学习的。当婴儿或学步儿一而再再而三地重复那些不被允许的行为时，父母会感觉挫败、心累。由于宝宝早已知道规则是什么，看起来他似乎更享受这个折磨父母的过程。为什么每个孩子都要进行试探呢？他试探是因为他试图去了解——爸爸妈妈总是会说"不"吗？当你用这样的方式表达时你是否真的在说"不"？那么用另一种方式表达的时候呢？我爬去厨房的时候他们也会说"不"吗？我朋友在场的时候他们会说"不"吗？还是只有我独处的时候才会？也许他们在第一次、第二次、第三次的时候都是想表达"不"，但第四次、第五次的时候则不是。也许，婴儿会想："我的坚持可能会改变这些的！"

更令人困惑的是，有时候"不"适用于这种情境，但不适用于另一种情境。比如在早些时候，电视机按钮看起来都是一样的——要么就是摁下去的，要么就是旋转的，而妈妈总是会为此生气。但等大些的时候，婴儿或学步儿会发现有的按钮可以让这个神奇的机器发出声音、出现图像，有的则可以切换图像，还有的按钮则可以让画面中的所有事物一下子消失。那么，当妈妈说"不"的时候，她是指所有这些都不能碰吗？

"不，你吃晚饭的时候不能坐在我腿上。"在家里的确如此，但如果某家餐厅或者在祖父母家里没有儿童餐椅，那么孩子一定不会乖乖坐在便携式增高椅上，他会极尽所能去探索新的领域，但缺乏安全防护，周围也都是易碎物品。

父母需要清晰一致地给孩子立规矩

"不"对不同的人而言效力可能是完全不同的，比如同样的"不"可能并不适用于婴儿的哥哥姐姐或父母。那些爬向电视机的婴儿必须了解到那些按钮只是他不可以碰。他不得不学习了解一些规则并非适用于所有人。对于这个年龄阶段的孩子，我们真的对他们有很多要求！（即使父母努力想要保持公平，也不意味着所有人要遵循相同的规则。有些情况下，家里每个孩子都有不同的规则，这取决于他们在需求和能力方面的差异。）

另外，很显然的一点是，随着孩子的成长，他所面临的规则与期待也会不断变化。"是的，现在你可以使用音量按钮了，你已经知道怎么用它了！"而孩子可能会想："哇！也许我现在也可以碰那些火炉上的按钮了！"

还有一种可能性是，不同成年人所说的"不"可能在孩子的感受中是截然不同的，或者那压根不是同一个意思。如果父母一方长期居家工作，"不"在孩子听来似乎代表着大人濒临崩溃了；而如果父母一方白天在外工作，"不"似乎听起来更加有力，并且会吸引孩子更多的注意。哥哥姐姐的"不"听起来更刺耳，而祖父母的"不"有时候更像是在表达惊喜！

一个白天一直待在家里的父母可能会对孩子临睡前的打闹

说"不"，但在外工作刚回家的另一方则可能还想享受一会儿那样的时光。如果一方父母更担心安全问题，那么就会对那些看似粗野的游戏说"不"；但如果另一方父母自信能更好地保护孩子，孩子势必会从父母兴奋的双眼和安静的微笑中得到许可去继续那么做。婴儿和学步儿的父母们都刚刚开始发现对方对于孩子种种期待的差异。因此，鱼龙混杂的信息是情理之中的。我们要求孩子学习了那么多的东西，当我们能够放慢脚步去思考的时候就会意识到为什么重复、一致性和清晰的信息对于年幼的孩子而言那么重要。

清晰而一致地立规矩

1. 决定你的规矩是什么。

2. 根据每个孩子的需求及能力来调整这些规矩——规矩不需要对每个人都是一样的，并且你可以帮助每个孩子理解这种区别对待背后的"公平"。

3. 确保父母双方都是同意的。

4. 告诉你的孩子规矩是什么，不仅是在语言层面，还包括音调、表情和姿势。

5. 做好准备接受孩子再一次的试探。

6. 每次都用相同的方式进行回应，些许不同都会让孩子更好奇下一次究竟会怎样。

7. 当孩子有新的能力时，准备好，他可能会在某些方面让你吃一惊。

8. 有规律地重新评估规矩与期待，随着孩子成长，你也需要相应调整一些规矩。

12～14个月——开始"行走江湖"，管教给他带来安全感

一个刚开始走路的学步儿会为自己新的移动能力而骄傲，但也会因此而恐惧。只要在转角处多走几步，他就能让自己的父母"消失"。他会一遍又一遍地去试验这项新技能，例如在那些他为了自己的新力量而雀跃的时候，或者当他哭着找爸爸妈妈的时候。当一个孩子开始通过玩消失来恶作剧时，他就是在告诉父母自己有多么需要管教，他需要知道自己会被看护在安全的地方。你可以留心观察他充满感激的眼神，当你的目光

追随他时他会感激地望着你，你还可以坚定地告诉他："你需
要回来和我待在一起。"当孩子发现自己的新力量但又不知道
自己该如何安全使用它们时，父母会意识到管教是重要的。在
未来的几年中，父母和孩子之间会建立起一套模式，让他们在
面对冲突时可以采纳。

1岁宝宝情绪失控大多因为内心纠结

在某些时刻，学步儿开始意识到他能做出自己的决定。
"我要么么做吗，还是不要？"他的决定对任何其他人来说都
无足轻重，但他自己却如此在乎，并且如此纠结，最终，他会
倒在地板上大哭起来。在这个过程中，他一定会触碰到父母容
忍的限度并且把自己也吓到。由于他对自己的新力量感到恐
惧，光知道父母能帮助他控制住自己已经不够。

他必须学会自控。尽管发脾气时一旁的父母很可能会激化
其怒气，但他们可以给学步儿提供各种方式让孩子自己安静下
来："这是你的小毯子。""这块凉毛巾能让你擦擦脸。""你可以
听听你最喜欢的歌曲。"那些能让孩子自主使用的方法是最好
的："这是你的小熊，他想让你感觉好受一些，看见你难过他
也很抱歉，他需要一个拥抱。"父母可以安抚孩子，但泰迪熊

可以教会孩子自我安抚。

但是，当父母徘徊在周围的时候，学步儿很少会结束一场大发雷霆。父母仿佛在不知不觉地告诉孩子："你无法控制自己。"当父母可以在确定孩子安全的前提下走开，他们就相当于在说："你可以让自己恢复平静的。"

宝宝在商场大哭大闹

有时候，把学步儿单独留在某些地方并不安全，例如当周围的环境不熟悉，或者没有儿童防护设施，或者有可能发生严重伤害的时候，这时就有必要抱着宝宝——让他坐在你的腿上，面孔朝外，你的手臂环绕住他的手臂，使其可以垂放在他的腿上，像是抱着一个篮子似的——你需要保持坚定，但当然要避免导致其疼痛。如果宝宝试图踢东西，你甚至可以把腿环绕在他腿之上，就像把剪刀似的。你的力气应正好可以让他保持安静，但不要用更大的力气了。如果他试图用头来抵撞，你可以把他的头靠后并扭向一边。如果他想在这种情况下咬人，你可以用一个手去抓住他的双手，另一个手环绕其肩膀，向上移动到其前额部位。你可以让自己的脸贴在他的脸旁边，甚至温柔地让他的头靠住你的头以使其保持稳定。要注意的是，不

要对他的脖子施加任何压力，在他的耳朵旁轻轻说话可能会有
所帮助，或者试着轻柔地哼唱某首他最喜欢的歌曲。

为了让孩子稳定下来，这样的拥抱必须是安全、稳当并且
不带来任何痛感的。如果孩子无法慢慢平静下来，或对于被这
样抱着的需求持久而重复，那么也可以向儿科医生寻求帮助。
在孩子大发雷霆时抱住他永远是最后的方法，但要确保平时尽
可能多拥抱孩子，这样大发雷霆就不会变成学步儿用来索取肢
体接触的方式。

当你必须抱着失控的学步儿时，让自己保持平静和稳定是
非常重要的，这样孩子也能模仿你的行为。当你对他轻柔歌
唱，让他待在你的怀抱里并轻摇他时，都会让他学会如何使自
己安静下来。但为了做到这一点，你首先需要自己不失控。

一旦他真的安静下来，确保向他指出他做了哪些事情来让
自己平静下来："你听我唱歌，你让自己放松，你深呼吸，你
和我一起轻摇你自己。"一旦了解到自己可以不失控，孩子就
会有信心，并且准备好逐步放弃大发雷霆的表达方式。与任
何管教的终极目标一样，此刻的目的也是希望帮助孩子实现
自律。

1～2岁——脚步不停歇，掌控冲动是管教的长期目标

"我现在就要那个！""那个不能给你。"学步儿还是照样拿起了易碎的玻璃镇纸。"把它放回书桌上去。"当他拿着东西走进来时，孩子似乎并不会在乎爸爸所说的话。明智的做法是，爸爸快速走过去，并且把东西从小手当中抽了出来。孩子大哭，一屁股坐在地板上。爸爸说："你不能拿这个，可能会碎掉的。"孩子哭得更厉害了。"很抱歉我必须把这东西从你这里拿开，但当你无法让自己停下来的时候，我可以来帮助你。"

孩子哭到上气不接下气，啜泣声逐渐减弱了。爸爸说："这很容易碎，那样的话你也会难过的。"孩子眼含泪水望向爸爸。"你想要抱抱吗？"孩子把双手伸向前方，那一刻他已经忘了镇纸的事儿了。

有时候在人生的第二年，学步儿会意识到因果的存在，一件事情会导致另一件事情的发生。我把镇纸摔在了地上，它碎了；我爬上了咖啡桌，摔了下来并且把自己弄疼了。直到孩子

有能力如此理解事物之前，父母必须在场来避免婴儿因为缺乏判断力而伤害到自己。即使当孩子有了这样的判断能力，学步儿依旧无法让自己停下来，当他的冲动值达到顶峰的时候也无法使用因果关系来指导自己的行为。掌控冲动是管教的长期目标。

他随时可能闯祸，需要父母充当"刹车系统"

学步儿会因为冲动而纠结。对学步儿而言，只有当他能够去触碰、品尝和攀爬的时候，世界对他而言才是有意义的。当他有能力急急忙忙去到自己想要去的地方时，这似乎让他对于即将要探索的一切都充满了兴奋之情。但是，世界上也有各种危险的、易碎的、烫到无法触碰的、恶心到无法品尝的东西，那些东西都令父母抓狂。但只有通过探索，他才能开始学习了解它们。学步儿看上去经常像是一枚冲向灾祸的火箭，但与此同时他也每时每刻都在寻求机会来更多地了解周遭世界。

学步儿的父母们通常是疲惫不堪的，他们知道自己一直需要在场，以成为小小探险家的"刹车"。对这个年龄孩子的管教是一个眼对眼、手把手、肩并肩的过程。语言需要被重复表达，这样日积月累其含义就会逐渐被理解。但在事情发生的时候，光靠语言有时候很难让一个学步儿放慢脚步。

这时的管教意味着要教会这个充满了冲动的小生物如何逐渐能够控制住自己。学会冲动控制并不是一蹴而就的过程。学步儿的父母们知道这样的场景在一天里会反复上演（大孩子的父母们也都记得这点）。这个年龄的孩子通常需要父母握住他们的手或搭住他们的肩膀以制止那些不该有的行为。

言语劝说对付学步儿是无效的

那个拿走镇纸的父母试探了一些孩子对于言语规劝的反应，但很快意识到光靠语言文字是不够的。当他反复多次强调相同的要求，孩子反而越来越困惑于爸爸究竟是什么意思。在这个年龄阶段，纯语言文字的威力有限，而在下一年或未来语言文字会变得更有力量一些。当口头要求变得流于形式，父亲需要直接介入并且制止其具体行为。如果他只是做了这些事情，那么他也只是向孩子展示了自己对于局面有更强的掌控力而已，但他进一步向孩子解释了自己为什么要介入。然后，他让孩子有一刻可以放松一下，然后再帮助他想象倘若自己心爱的东西被摔坏了会有怎样的感受。最重要的是，他让孩子相信，总有一天他会有能力控制自己的。

　　和学步儿逛超市的时候，意味着要紧握住他的手。想象一下，当父母可以放开手并且允许他站在几米开外的时候，孩子得有多大的自控力去抑制冲动！孩子会充满幻想地看着货架底部的一盒粉色曲奇。"宝宝过来，我需要你告诉我哪盒麦片是你喜欢的。"当孩子有能力回应这个要求时，那意味着他已经有能力抑制自己想要拿粉色曲奇的冲动，能考虑到父母的要求，改变主意，不再坚持他想做的事情，并且开始思考和麦片有关的情形。当你真的那么看待这件事情时，会发现他们是多么了不起啊！对孩子和父母而言能达到这样的状态都是不容易的。

　　父母们都不会忘记早前几个月的情形——孩子坐在购物车里，时不时想要蹒跚地冲出去，或者当爸爸拉着他的手走路时他的腿用力地朝着不同方向伸展着。他会去抓粉色曲奇盒，不松手，最后在哭声中曲奇会被父母放回货架上。让学步儿放弃自己的冲动，这是多么不容易啊！父母要给予孩子希望，让他相信自己终有一天能控制这些冲动的，这是多么困难啊，有时候连父母自己都难以相信孩子终有一天会放弃那些强烈的渴望。

教会学步儿控制冲动

1. 首先，确保你获得了孩子的关注。如果有必要的话，把你的手掌坚定地放在他的脸庞或肩膀上。望着他的眼睛，确定他在关注你所说的话。

2. 明确表示冲动不能被付诸行动。"你不能拿"，或者如果你晚了一步，也可以说："把那个放回去。"

3. 如果有必要的话，在身体层面上制止他继续从事那些被禁止的行为（拿走玩具，将他带离惹麻烦的区域等）。

4. 如果有可能的话，给孩子提供其他选择："你可以相应拥有这个"，这也是教育他学会解决问题的方式之一。

5. 替代方案应该是不容讨价还价的，而并不是另一个谈判的战场。提供另一些选择是为了让孩子看到你的目的并不是为了让他感到痛苦。

6. 坚持到底。

7. 同情孩子的挫败或失望："当你没法得到自己想要的东西时，这的确令人感觉很糟糕。"你并不是在教育孩子放弃他所有的愿望与梦想，只不过是让他不要去做那些不该做的事情。你也并不是试图在告诉孩子他要爱上所有的规则，只是在处理那些因为规则而起的负面感受，那样他就不会对此感到不知所措。

8. 用最简单的方式帮助他理解为什么他的愿望不能实现。

9. 但是，如果你感觉自己的处理方式是糟糕的，你就有机会去利用那样的契机示范承认错误和道歉的重要性。如果你可以主动做这件事情而不是用权威压制孩子，你们双方都会解脱。

10. 安抚他，并且告诉他你坚信他会渐渐学会自控的。把他抱起来，然后拥抱他。

11. 寻找机会来帮助孩子挽回颜面。当孩子感到羞耻时，他会暗自努力地去合理化那些行为，而不是去修正它们。

12. 当一天充斥着"不可以"时，可寻找一些机会去说"可以"。这让孩子体验到管教也是另一种爱，而不是对于他内心"邪恶"部分的惩罚。这并不意味着让步，在大多数情况下，放弃最初的立场反而会使事情变得没有成效。

13. 不要把孩子的不良行为视作是在针对自己，特别是当他们反复进行试探的时候。如果你把这些行为视作是对你个人的攻击，你也一定会以攻击的方式反馈回去。相反，试图去理解他在这些不合适的行为背后正试图在学习什么，这样你就可以用他所需要的教养方式去进行回应。

14. 与孩子生活中的其他成年人分享这些关于管教与教养的责任。

自律不仅仅意味着孩子能够自控，也意味着他有动力去控制自己，不仅仅是为了别人，更是为了他自己。当他学会自律的时候，孩子就有能力平衡他的需求和他人的需求。而父母就是为这些未来岁月的功课奠定基础。

2～6岁——从管教到自律

孩子学习控制情绪的第一步——理解自己的情绪

为了让孩子能清晰理解并尊重他人的情感，他首先需要理解自己的。从人之初开始，孩子就会望着照料者的脸，聆听他们的声音，并且同时体验着自己的身体感知。当出现熟悉的脸庞、熟悉的表达、温柔的声音、对凝视和臂弯的回应，他会感觉平静与舒适。

学习情感的过程在出生后很快就开始了。一个4个月大的孩子已经有能力聚精会神凝视着父母，并且很快让他们有所回应。但他才刚刚开始探索自己在他人感受中扮演了怎样的角色。当他开始生气并且突然意识到自己令父母生气时，他的脸上会流露出惊讶的表情，会突然回避这种情境。到了6个月大的时候，他能识别出照料者脸上的七种表情——快乐、悲伤、愤怒、恐惧、惊讶、痛苦、有兴趣——并且他自己也能表达这些情绪。

到了9个月大的时候，孩子知道从照料者的脸上可以寻找到对当下场景有用的信息。就如我们所看到的那样，他已经会通过读取面部表情来了解周围世界究竟在发生什么。他在学习了解周围人对他而言有多么重要——这让他逐渐学会如何关怀他人、取悦别人，并且如何自控。

当孩子参与到"关系"中时，这会让他的学习过程变得所向披靡。为了让父母高兴，他首先会学会在意是非对错。如果我们要对孩子实施管教，那么每个管教的步骤都必须考虑到孩子学习过程背后的情感动力。惩罚令孩子感到被抛弃，难以取悦父母所带来的无望感，这些都会使孩子缺乏从错误中总结学习的动力。

在两三岁的时候，孩子经常会被矛盾的感受和无法实现的愿望所吞没。他会努力想要知道自己身体里究竟在发生些什么，以及想去了解如何去命名那些感受。

当一个孩子说："我快要疯了！""我恨你！""我不想让你走！"或者表达另一些强烈的情感时，这是一项多么了不起的成就！只是在短短几年时间里，孩子就学会了体验情感，识别自己和他人的情感，并且用语言去命名他们。如果一个孩子想要学习控制自己的情绪，这些步骤都是有必要的。

为了防止自己被情绪吞没，任由情绪悄悄接近将他打个措手不及，或者让他行为彻底失控崩溃，孩子需要能够做到如下几点：

· 能够明显体验到自己不同的情绪；
· 注意到何种情境会触发它们；

·注意到情绪刚冒头时是怎样的，以及如果火上浇油了会怎样；

·学习如何让他自己平静下来；

·意识到自己需要从他人那里寻求何种帮助，并且主动求助；

·学着去了解他的情绪意味着什么，并且尊重和珍惜那些情绪的存在。

现阶段如何帮助孩子表达和控制情绪

当他的感受非常强烈时，这一定会吓到孩子，也经常会激怒父母。但在那一刻，他比任何时候都需要父母的管教——让他有信心确保自己并不会被内在的混乱不安所吞噬，并且父母也会帮助他学习去控制那些令人不知所措的感受。父母很有可能会被他内心的种种冲突拉下水，但孩子依旧需要通过模仿父母来学会如何令自己平静下来，直面问题，并且寻找到解决方案。

不良行为通常是孩子第一次尝试去表达那些强烈的感受。为了让孩子在不违反规则的前提下管理他的情绪，我们需要对他进行管教——父母也需要通过自律对其进行示范。孩子需要父母的帮助来学习了解自己的感受，以及如何在不失控的状态下去经历这些感受。

当孩子逐渐意识到自己内心的情绪时，这也让他开始去识别他人的情绪。

帮助孩子表达和控制情绪

·感觉能够安全地去体会那些情绪。（"我会帮助你控制住自己，直到你能自己那么做到为止。"）

·区分不同的情绪。（"有时候当人们害怕时会想要变得恶毒。"）

·识别特定情绪和特定情境之类的关联。（"你把所有的玩具都整理好了，难道你不为自己感到骄傲吗？"）

·识别并且命名情绪。（"我在黑暗中会感到害怕。"）

·识别并且预期情绪触发点。（"我讨厌上床睡觉。"）

·寻找到一些方法来安抚或表达情绪。（"在睡觉前我需要看会儿书。""我要把自己睡觉时看到的恐怖怪兽画下来。"）

·当他有需要的时候可以向周围人求助来帮助自己
管理情绪。（"你离开房间之前能坐在我床上待一会儿给
我唱首歌吗？"）

·接纳和珍惜那些情绪或感受——那都是孩子的一
部分。（父母可能会说："你今天一天都玩得那么高兴了，
那么到了晚上当然是需要停下来的！""我们那么爱彼
此，我们当然会讨厌上床睡觉，在明早见到彼此之前不
得不等上一整晚呢！"）

现阶段管教重点——教孩子理解和在乎他人感受

在第三年的某些时候，孩子会开启一段令人惊叹的新旅
程。他已经学会"思考"很长一段时间了，但现在，他会开始
思考一些具体的"念头"。很少会有学步儿说"我昨天想过这
事儿"，或者是"我忘记自己想要说什么了"，但一些超过2岁
或者不少3岁孩子开始能够思考他们的种种"念头"、回忆、感
受、信仰和兴趣。这一变化使得他们能够去思考他人的想法与
感受："那个小婴儿在哭，因为他想妈妈了。"很多人对于这项
孩子发展出来的新能力习以为常，但如果没有这项能力的存
在，孩子就不会准备好去调整自己的行为，以把他人的感受纳

入考虑范围内。

管教会促使孩子去使用这种新的力量，并且去预期自己的行为所带来的影响。例如，当一个3岁孩子把玩具从还是婴儿的弟弟手里抢走，弟弟大哭，他可能会对着弟弟叫嚷："这是我的，你不能玩！"但当他们的父亲坚定地说："你觉得这样对待他的话，他以后还会想要和你玩吗？"3岁孩子略带愧疚但好奇地抬头望向父亲。父亲继续说："要知道，如果你在拿走这个玩具时给他一个别的玩具，他也不至于会如此不安。"孩子已经准备好了去体察他人的感受，其中也包括他弟弟的。父母不仅要让孩子看到他自己做错了，更要提供积极的选择。

对他人感同身受并能因此给予关怀的能力始于童年早期，但会终身发展。令人感到悲哀的是，即使是一些成年人也从来没有完全发展出这样的能力。但最终，每个人的行为并不会只依赖于外界施加的规则（除非是在监狱里），而是基于自我管教。相应地，自律也被个人对于他人的感受和需求的觉察及顾虑所影响。

在很多需要进行管教的时刻，正是教育孩子理解和在乎他人感受的契机。当一个4岁孩子看到另一个孩子坐在轮椅上时，他对着妈妈大喊："你看那个孩子只有一条腿！"妈妈变得非常尴尬和警觉，她扶住孩子的肩膀并且正视其双眼："你想象一下，当他失去一条腿并且还要被周围人指指点点时，那是一种怎样的感受？"4岁孩子大哭起来，那一刻他让自己体验到了残障孩子的感受。妈妈用手臂环绕住他并且说道："想象这种感受令人悲伤，并且想到这样的事情有可能发生在任何人身上也会令人害怕。"在这样一种管教契机下，父母可以把孩子评判的态度转化为同情，教会孩子停下来并且去思考他人的感受。但这个过程是令人痛苦的。通常，在孩子残忍的背后恰恰是其脆弱。如果没有父母的支持，孩子要独自面对那些情感实在是太难受了，恶作剧或其他负面行为都是不可避免的结果。

给孩子强化规则的"公平性"而不是权威性

管教也是父母用来引领孩子道德发展的方式。当孩子有能力去理解他人的立场，他们就能意识到规则是考虑到了所有人的需要，不仅仅是他自己的。当他意识到"己所不欲勿施于人"时，他就会试着为了他人去做出一些让步。但是，他依旧需要自律能力相伴而行。

在孩子有能力通过意识到他人的感受来指导自己的行为之

前，他首先会根据自己的行为所造成的后果来进行判断。如果问一个四五岁的孩子为什么他不能偷别人的玩具，他很可能会回答："警察会把我抓去监狱的。"但父母的终极目标是教会孩子管理好自己的行为，无论是否有他人目光的存在。（很快，在大多数情况下他人的目光都不存在了！）这种非凡的转变究竟是如何发生的呢？当父母让孩子确信自己的不良行为会带来相应后果时，他们就有了选择。当他们让孩子看到后果时，就展现了自己在孩子面前的权威地位。例如"因为我就是这么说的"之类的表达就属于这样的方式。或者当他们落地某项规则时可以让大家意识到这项规则是公平的，并且符合所有人的利益："你知道自己必须要把玩具还回去。你不会想要有人不打招呼就拿走你的东西的。"

当父母教育孩子遵守规则时，如果他们让孩子看到规则本身的公平性，而不是因为父母的权威性，那么他们就为孩子未来成为遵纪守法的人奠定了基础——在未来的日子里，父母并不总是能保持那样的力量与权威性。

你可以观察一个4岁孩子在公园里是如何盯着另一个孩子的三轮车看的。他一开始可能会难以自控，伸出手去想要抓住车子后座。但当他真的那么做时，他突然停了下来，看了看三轮车小主人的眼睛，然后把手缩了回来。这个4岁孩子正在学习如何为他人着想，并且让自己停下来。他的动机里也许包括他想要和这个孩子做朋友的愿望，也可能是为了避免爸爸的批评。但是在未来，他会了解到针对他人的行为需要考虑到对方的需求与感受，只是因为这些是重要的。

在更早些的时候，父母也许有时候会对那些重要的规则持不确定的态度，这势必也会让孩子感受到不确定。但经年累月，趁着父母决定规则到底应该是怎样的，孩子也会需要不断去试探那些规则。当父母对于这些试探的回应保持持续一致时，他们就可以帮助孩子从困惑迷茫中平息下来。当规则被持续强化，孩子们会了解到规则本身并不会因为孩子、家长在特定时刻的感受或需求而改变。这样的一致性让孩子看到，规则之所以保持不变，是因为它们极其重要。

尽管这需要花更多的时间，但父母的目标是帮助孩子运用其发展中的共情去"向善行善"，即使当周围没有成年人在场也不会面临惩罚时，孩子也能始终如一。作为父母，我们必须帮助孩子们寻找到自己的内在动机，以使自己能够符合达成共识的道德操守。早晚有一天，当他们的某些行为出现动摇时，我们可能已经年迈到无法再为其提供任何管教。届时，我们只能寄希望于那些灌输给他们的理念早已内化成了他们自己的价值观。

严厉的惩罚、过高的要求、过度的表扬都会伤自尊

如果一个孩子能够在乎他人，那么他一定需要非常在乎自己。当一个婴儿被周围人所宠爱着，并且有机会去自我欣赏，那么父母就是在为他日后发展出同情心做准备。当孩子认可自身价值时，他就会觉得因为自己或他人的原因而抑制某些冲动是值得的。当一个孩子不喜欢自己时，他就很少有动力去在乎其他人都经历了些什么。

当然，从人之初开始，"爱"对于一个孩子自尊的养成都是至关重要的。但有机会体验成功，以及关注孩子发展出的各项技能（从幼儿园开始会更多），这也会帮助孩子更加珍惜自己的存在。管教在这个过程中所扮演的角色似乎没那么明显。但是，当一个孩子失控时，他是不喜欢自己的。当一个孩子失控但又无人管教时，他会怀疑父母是否真的认为他是值得管教的。而当父母真的管教他时，他也会怀疑父母是不是真的在乎如何帮助他面对那些愤怒与挫折。一个人的自尊是通过一辈子的时间得到逐步稳固的——成功与失败都会对塑造自尊造成影

响。这方面的学习从一个人年纪很小的时候就开始了。

即使父母充满爱意，即使孩子本身很出色，但对一个孩子过高的要求也会伤害其自尊。孩子有可能会感觉自己"不够好"，没有办法如父母所期待的那样。他甚至会把这些状况用来不断攻击自己，当他感觉自己总是无法满足父母或自身的期待时，管教就会让人感觉像是一种批评。

过高的要求会让孩子感到自己是失败的。惩罚而非教育也会威胁到一个孩子的自尊，例如，责骂或者简单粗暴地不允许孩子做各种事情等。不良行为有时候是一个孩子的抗议，也是一种注定失败时的自我保护方式。当父母因为孩子激烈拒绝成为他们所期待的样子而恼怒时，也许应该后退一步，三思一下孩子是不是真的准备好了，并且再次调整那些要求。

一位妈妈对5岁孩子怒吼道："我告诉过你把衣服捡起来并且把它们放好，每天都那么说一遍，但你从来都没有那么做过！你长大后只想做一条大懒虫吗？"这个年龄的孩子依旧需要每天有人提醒他完成这些工作，甚至是洗脸刷牙之类的事情。这对父母而言当然是烦琐的，但还不能期待孩子在这个阶段自己完成那些事情。只有通过重复，孩子才会最终学习到如何提醒自己去完成那些事情。在那之前，严苛的责备只会让孩子更加抗拒那些提醒。

当孩子可以接受周围人的温柔提醒，或者只是稍稍抗议一下时，那说明他已经内化了部分规则，把那些规则变成了自己的一部分。而一个激烈抗议的孩子则可能是在表达他对这样的期待还没有准备好，或者那些提醒听起来更像是冒犯而不是帮助。一些孩子甚至会把自己的健忘变成任性，并且拒绝接受批评。他可能会对父母说"我没忘记，我并不是故意那么做的"，这么说使他感觉自己仿佛能恢复一点自控。

当孩子面临一些影响其学习或社交的挑战时，例如学习障碍或注意力缺陷多动障碍（ADHD），特别是在还没有得到确切诊断的前提下，他们的自尊很可能会受到损伤。如果管教是以严厉批评的形式呈现出来，他们一定会用"坏"行为来加以抗议的。

然而，过度表扬同样会影响孩子的自尊。孩子无法承受太多的表扬，那会令他感觉不到其中的价值，也难以认真对待那些评价。有些孩子可能需要通过不良行为来检验那些听上去令人感觉良好的表扬究竟是不是真的，或者促使父母从过度表扬的状态回归到接纳孩子如其所是的状态。

当孩子努力控制自己想要打人、咬人或扔东西的冲动时，他们必须看到自己的行为对他人所造成的影响。当成年人针对孩子进行严厉的批评时，这反而会让孩子们相信自己真的很"坏"。这些标签会成为孩子对自己的评价，也会成为一个"自我实现的预言"。相反，要帮助那个实施攻击的孩子平静下来并抱抱他。当然，他需要知道这些行为是令人无法接受的，并且需要面对行为所带来的影响。如果不这样做的话，孩子就会独自面对失控所带来的恐惧。他会不断打人或咬人，直到他知道会有大人来制止自己。但父母也必须同时表现出爱与信心。孩子必须学着去相信自己内在善意的部分，并且对于自控心怀希望。

跟孩子一起"面对"错误，而不仅是"指出"错误

如果孩子在犯错后要吸取教训，他就必须要面对自己的弱点。即使对成年人来说，公开承认自己的短处也是困难的，对小孩子来说则更加困难。关于他们自己是谁、自己的价值观这些概念，孩子们对此更加模糊。当他们年龄大到能够意识到自己还很小，在诸多领域缺乏经验、知识与技能时，父母的责备

可能会令他们感到更大的威胁。

当一个孩子对自己有信心时，他就能勇于去面对自己的错误。渐渐地，他必须学着去接受自己的错误，并且在修正那些错误时体验到满足感。表扬与积极强化都能有所帮助，但必须引导孩子为自己的行为感到骄傲与满足。当孩子完全依赖父母的表扬时，他会在没有表扬或表扬还未到来的时候感觉不安全与咄咄逼人。经年累月之后，父母会用"你难道不为自己感到骄傲吗？"来替代"我真为你感到骄傲"。

孩子保护自己免受不安情绪困扰的能力远不及成年人的模式那样成熟。当孩子必须面对令其不知所措的强烈感受（愤怒、拒绝、恐惧和内疚等）时，他经常会躲在显然与现实不符的歪曲认知中来防御类似的体验，他会告诉自己："我没有偷那些糖。"但是，你当然知道的确是他做的。

当我们与孩子一起直面他的错误时，我们就是在让他面对自己的缺点与局限性。如果我们指出他做错的地方，我们就是在挑战他那些对于自我与自身价值依旧脆弱的信念。他很可能会通过各种方式来捍卫那些信念——例如通过否认他的内疚感、撒谎，或者左耳进右耳出。

为了保护自己不去直面父母的反应，也为了保护自己的良知，年龄较大的孩子经常会把他们的不良行为解释成自己并不是"故意"要那样做的。"我并不是存心想要那么做的，但是当我把糖掉在地上时，我觉得自己最好吃了这粒糖，那样其他人就不会吃了。"通常最好不要就孩子的真实动机去进行理论，而是告诉他："你是不是故意要吃这粒糖其实并没有那么重要。无论你是否是故意的，现在弟弟的糖进了你的肚子里。不管一开始你是怎么想的，现在你必须用自己的零花钱来进行补偿。"为了让孩子能够面对他的所作所为，并且对结果感觉好一些，我们需要给孩子提供一个机会来进行弥补及被原谅。

把不良行为变成教会孩子自律的契机

父母管教的目标是，帮助孩子基于自己的内在动机去控制冲动，管理情绪，尊重他人的需求、感受与权利，并且为了"做正确的事情"而选择从善如流。当孩子逐渐长大，父母可以给孩子留更多空间，让他自己去识别自己的不良行为、自身行为所导致的后果，以及进行弥补的方式。当父母察觉到孩子在被管教之后流露出了感激而轻松的表情，这个过程就可以开始进行了。因为这意味着孩子开始意识到他自己是需要管教的，并且已经开始学习如何进行自律。

特别是在危机发生的当下，寻找契机来让孩子能够更加独立地检视与管理自己的行为。用"你意识到自己刚才做了什么吗？"来替代"你刚才不该那么做"，用"你知道这会给他带来什么感受吗？"来替代"你伤害了他的感受"，用"你觉得你可以做些什么来让他感觉好一些吗？"来替代"你必须要道歉"。这些微妙的差异能让孩子知道你对他的信任，并且他也相信自己能搞定乱糟糟的局面。你并没有抛弃他，而是在让他知道你有多么重视他的新力量。

无论孩子还是父母，都需要清楚地知道"人都会有犯错的时候"。他需要知道哪些错误可以被理解和原谅，尽管也会为之付出代价。事实上，当我们让孩子承担一定后果时，也是在让他确信自己是会被原谅的。错误是学习的必要路径，而不是一个人基本自我价值的体现。如果希望孩子相信自己会进步，这就需要父母对他保持信心。

把不良行为变成教育孩子自律的契机

1. 观察孩子的非言语信息，以了解他对于自己所做之事感觉多么糟糕。

2. 如果他已经意识到自己犯了错，并且对此感到内疚，那么他已经开始在吸取教训了。

3. 当内疚令孩子感到难以忍受时，它们就有可能会被否认所替代。不要步步紧逼孩子，那样他会无法面对自己所做过的事情。相反，称赞他为了面对自己的错误所付出的勇气："我看得出你对于自己所做的事情感到很糟糕，要知道，我并不想让你对于已经做过的事情感觉更糟糕。"他很可能会对这些话语感到惊讶，并且准备好进行更多的倾听交流。

4. 如果有必要的话，你可以通过让他自己叙述整个过程的方式来确定他是否真的理解这件事情了。他所说的东西比你所说的东西重要，并且在这个过程中你也可以试着去修正任何你所听到的误解。

5. 根据孩子的所作所为，决定一个他需要相应承担的后果（如果有可能的话也征询一下配偶的建议），并且让他有机会去进行弥补。"我会帮你保管着这些零花钱，直到你存了足够的钱去给他买个新的为止。""你必须做一张好看的道歉卡，让他知道你有多抱歉。"

6. 确保他理解道歉和弥补的重要性，并且让他能感觉到自己被原谅："你需要一个拥抱吗？"

第二章　**选择合适的管教方式**

管教不是惩罚，是教育，好的管教一定是基于对孩子充分的了解。

给孩子立规矩

在选择管教孩子的方法时，有两大方面是需要考虑到的。首先，父母需要意识到他们自身的成长经历的影响。其次，孩子本身的先天气质也会影响他们所采取的管教方法。在讨论完这些之后，我们再探讨不同管教方式的利弊。

父母的童年

我们渴望成为不一样的父母，却为何事与愿违

新手父母经常会回忆起过去父母管教他们的方式。很多人会说："我很确定自己不想成为爸爸妈妈那样。"他们可能会强烈想要找寻到自己的管教方式。但管教是我们过去人生中非常有力量的一部分，作为父母我们一定会回归到童年的某种模式中或者被吸引到另一极端。

孩子们"呼唤"我们管教他们的那些时刻鲜有平静，更不会进行反省。例如超市里的大发雷霆，高峰堵车时间在车后座大闹，别人家的孩子脖子上有自家孩子的指甲划痕而大哭起来——这些时刻都无法令人三思而后行。相应地，这时我

们会不经思考就使用自己最熟悉的管教方法，那些方法在我们成长过程中已经深植于脑海中。令人悲哀的是，那些小时候被虐待过的人长大后相比其他成年人有更大的可能性去虐待自己的孩子。不管是否处于危机之中，我们都会从自己的成长经验中去寻找管教方式。

有的父母会为自己延续家族约定俗成的管教方式而感到自在与骄傲，但另一些父母则会懊恼于自己想要成为不一样的父母的愿望总是与本能相违背。对有些父母而言，孩子导致他们内心的挫败感有时候还会混杂着他们童年时所经历过的不安，以至于很快会对孩子的行为产生各种担忧：她是安全的吗？她会受伤吗？她会有一天学会如何停下来并且明辨是非吗？这个行为是否预示着她将来会成为怎样的人？

显而易见的是，如果身处紧张气氛之中，还要从下意识的反应中立刻寻求到平息危机的方法，并且还要符合管教的长期目标，这点本身就挑战重重。

气质的差异

她是"活跃型""慢热型"还是"敏感型"

每个孩子的气质类型从一开始就是独特的。在某种程度上，孩子会对哪种类型的管教有所反应，并且需要被管教的频率是怎样的，这些都和她的气质有关。从个性角度而言，有三个不同维度的个性特质在每个孩子身上都不同，并且会影响她们对待周遭世界的方式。这些特质，外加她在睡眠、进食和其他生理功能上的独特节律，共同定义了她的气质：

· 孩子是如何完成一项任务的——注意力和毅力、易受干扰性和活动水平。

· 孩子与人相处时的灵活性——一板一眼的、害羞的、适应性强的、固执的。

· 孩子是如何对视觉、声音和事件等做出反应的——她的情绪质量和反应强度。

孩子的气质一定会影响到她有哪些事情是可以轻松完成的，又有哪些事情做起来会挑战重重。

· 非常活跃的孩子可能很难让自己停下来，并且经常需要从父母那里得到手把手的指导。

· 慢热的孩子可能会回避退缩，甚至在被逼迫尝试一些新事物时，会用安静的方式去抗议。他们需要时间来让自己准备好，并且可能会需要父母把一项新的要求分解成更小的步骤来完成。

· 非常敏感的孩子能轻易感知到周围人的存在，他们可能会体验到超越自己年龄的责任，并且在面临哪怕是极轻微的责备时也会因为巨大的内疚感而不知所措。

· 注意力维持时间比较短的孩子可能在完成一系列指令时会感觉困难，并且在旁人给出下一步指令之前，他们可能需要一步一步慢慢完成先前的步骤。

· 感知觉过度敏感的孩子可能会因为所看见的、听见的或触碰到的东西而不知所措。他们可能需要屏蔽掉周围那些声音和视觉信息，这有时候会导致他们错过一些父母的指令。

　　了解孩子的气质会帮助你更好地调整管教方式，使之更加有效。那些根据孩子特质而制订的管教方案能在最大程度上教会她处理自己的行为——以自己的力量来处理。

　　孩子的气质也很可能会影响到她与父母之间的互动。斯特拉·切斯与亚历山大·托马斯提出了关于"关系适配度"的概念，是指父母和孩子的气质在多大程度上能互相适应。当父母和孩子的气质太过不同时，那些围绕着控制所展开的斗争就会充满危机，并且父母会幻想自己能够改变孩子的气质。对于这一点，他们当然是做不到的。父母能做的最好的尝试就是去接纳孩子本来的气质，并且学着去与之共处。类似的战争也可能发生在父母和孩子气质类型极其相似的时候。当父母在孩子身上看到了自己的影子，他们可能必须要学会先接受自己的气质。

榜样的力量

"言传身教"最重要

　　无论你对孩子的不良行为采用何种方式进行管教，你本身就是她的榜样。我的女儿曾和我分享过一个故事，当时我的孙子只有6岁，他拼命乞求妈妈再给他多看一集电视节目。妈妈心意已决，越发坚定地重申规则和底线。当妈妈自己情绪崩溃开始尖叫与跺脚时，孩子看着她说："要知道，当你让自己平静下来时，我们双方才会感觉好一些。"在这些时刻，父母的确需要在面对孩子前先让自己隔离冷静一下。

为什么不让孩子知道你有多么不安并且你计划如何处理这些状况呢？"我现在感觉很不好，因此需要先让自己平静下来，然后再花时间来看看你要承担怎样的后果。"孩子很快会知道你是认真的。孩子也会模仿你识别和管理内在情感的方式，也应该为自己的不良行为承担一个公平的后果，而不是你在气头上做出的决定。但她也需要看到自己的行为是如何影响到你的，只有这样才能从中吸取教训。当一个孩子触怒父母时，她需要了解自己的行为所带来的后果是怎样的，但父母可以为孩子提供一个重要的示范：他们可以公平地实施规则，而不是趁自己在气头上时将愤怒发泄在孩子身上。

父母的愤怒大爆发有时候会吓到孩子，在那样的状况下她是无法学习的。孩子会感觉自己严重伤害到了父母，充满内疚，这时她更关心的是如何挽救父母的情绪，而非自己到底做错了什么。但如果用清晰而有条理的方式让孩子知道父母的感受——愤怒、痛苦、沮丧、恐惧——这会帮助孩子去了解她的行为所产生的影响，以及设身处地地了解他人的内心世界。

我曾观察过墨西哥南部的玛雅人是如何通过示范来养育孩子的。他们的孩子已经准备好模仿父母行为中的点点滴滴。当我试图和第一位母亲开始对话时，她的小儿子在旁边用好奇明亮的眼睛盯着我。妈妈的回答都很简短，声音低沉，目光移开。她在很清晰地表达自己并不想与陌生人有太多交集。接着，小男孩也毫不犹豫地将目光下移并扭过头去，看起来他很快理解并且顺从了母亲关于如何与陌生人打交道的非言语信息。父母用来处理情感的方式也是在向孩子示范她该如何处理自己的情感。

一些父母知道自己总是大吼大叫，并且希望自己并不是那样的。也有一些人则认为他们是在为孩子将来进入现实世界做准备，因为没有人会总是宠着他们。不过大部分父母都不想孩子因为自己的大吼大叫而付出代价——十年以后，他们可能会听到孩子用一模一样的音调对他们吼叫。更糟糕的是，有时候父母会从青春期孩子的吼叫中听见当年自己父母的声音（那些曾经对着自己吼叫过的人）。令人惊讶的是，当父母突然放低声音窃窃私语时，孩子更有可能会停下来认真听。

羞辱的代价

羞耻感能让坏行为暂时停下，但"报复"更棘手

我的祖父曾经带回家一尊古董陶瓷中国娃娃。那个娃娃的脖子与肩膀都已经破碎了，它的头部与身体之间是通过一根弹簧相连的。祖父说，拥有这个娃娃的孩子如果非常调皮，爸爸妈妈就会抄起这个娃娃击打他们。这个坏掉的娃娃被放在家里非常显眼的位置，这成了一个标志，仿佛使其过往主人"坏"的那部分永远暴露在那里。

羞耻是实施管教过程中的必要元素吗？羞耻会让孩子相信她真的很"坏"，并且会继续用那样的方式行事，或者隐藏她的"坏"。有时候，羞耻看起来似乎真的能让"坏"行为停下——暂时停下而已。但是如果只是为了避免尴尬，"坏"行为只是被延迟，等周围没有监管的时候，那些不良行为又会再

次出现。当父母羞辱孩子时，他们吸取的教训只有："不要被逮住。"如果我们"公然"展示一个孩子的不良行为，这只会让孩子思考那一刻其他人会如何看待她，而不是深入自己的内心深处去进行思考。当孩子被惩罚时经历了羞耻感，她更有可能采取报复行动，而不是道歉。

体罚

"只记得挨揍，不记得为什么"，体罚的作用仅限于此

殴打或者其他身体层面的惩罚会让孩子停止那些父母不想看到的行为，但是这一目的的实现源于孩子的恐惧或身体疼痛，并且会强调成年人体能优势的作用。那些在童年时被体罚过的成年人似乎总是记得他们的父母看起来有多么强大，而自己内心是多么恐惧。他们也经常记得自己曾经有多么生气，并且在那些岁月里，有多么不认同和鄙视自己的父母。

那些成年人大部分并不记得当时自己为什么会挨揍，或者当时他们到底应该吸取什么教训。一位成年女性，她现在自己

也成为妈妈了，她是这么描述的："我记得很清楚自己是被什么东西打的，打在哪些部位，但我记不得为什么了。我只能记起来当时自己有多么难堪，我对爸爸有多么愤怒，并且我有多么希望以牙还牙，但我并没有吸取到任何教训。"当父母用暴力来展示谁是家里老大时，他们就是在告诉孩子"我比你强大""我不尊重你"。被这些方式对待的孩子经常会在父母面前退缩，并且将自己包裹在愤怒之中，以此来自我保护。她内心不再尊重大人，并且可能无法接受伤害她的父母所进行的道德教育。

揍孩子在美国许多家庭和另一些国家中依旧被认为是可接受的管教方式。在法国，上一代人甚至更早期的时候，很多孩子成长过程中都有关于"马丁内特"的阴影，那是一种带流苏的短皮鞭。有时候可能只是用过一两次，或者甚至从来没有用过，但很多家庭都会将它悬挂在厨房里，用于时时刻刻提醒孩子做坏事的最终下场会是怎样的。有时候，威胁使得付诸行动变得不再那么必要。但为了学会自控，孩子是否必须生活在恐惧中呢？

在其他一些文化中，木勺子或板子可能总是被放在一旁，随时用来抽打做坏事孩子的屁股。即使从来没有使用过，在需要的时候，大人依旧会指着它们来提醒孩子需要避免怎样的后果。很多父母从来没有打过孩子，他们只是会提醒孩子自己有能力和想法来那么做。当孩子能理解到这点时，他们会想象那会是怎样的情形，然后判断自己不该再去重复不良行为，这样他们就不用在现实中去体验这一糟糕的后果。但这种方法只会让孩子基于父母的威胁或肢体伤害才能停下来并思考其行为。那些在体罚中长大的父母们很可能会在下一代身上重复这种做法。有一位我们认识的幼儿园老师曾经听到父母这么说："我的父母经常打我，但我并不觉得自己有变坏。"面对这样的父母她的回应是："你的理解错了，你只是在被打的范畴里看起来没什么事而已。"

在情绪激烈的当下，那些想要以与自己童年所经历的不同方式去养育孩子的父母们会发现，他们依旧会退回到那些熟悉的、根植于脑海中的反应模式。但当他们真的那么付诸行动时，又会感到无比内疚。如果想要远离体罚这种管教手段，那么就要预先准备一些简易的回应方法，这样就不会在难以思考的冲突当下感到别无选择。

每个家庭都需要理解他们根深蒂固的传统（包括体罚），无论是要沿袭那些部分还是开启新的可能性。家族传统需要得到尊重，尽管有一些红线不会再被跨越。可以确定的是，身体上的伤害在任何情况下都是不能被接受的。那么那些瞬间的肢体疼痛呢？例如打屁股或扇耳光。那么那些情感上的痛苦，无论是短期的还是长期的，例如羞辱、辱骂、破坏性的批评，或者和其他孩子进行负面比较呢？如果管教是为了教会孩子自律，那么这些方式都偏离了轨道，甚至是背道而驰的。它们在管教孩子的过程中并不会发挥什么好的作用。

当父母自己暂时失控时，他们最有可能在那些时刻打孩子。显然对孩子而言，在这样的体验中没有任何可以吸取的积极教训。当父母平静下来和头脑冷静的时候，他们很少会打孩子，那一刻他们可以停止习惯性的体罚。

当父母对孩子施加体罚时，他们也是在告诉孩子："你必须乖乖的，不然我总有办法让你做到的。"这些信息并不会让孩子做好准备去面对那些父母不在身边或再也无法管教他们的日子。在如今日益暴力的世界中，无意识中让孩子养成暴力行为将会是我们无法承担的后果。如果在管教他们时没有让他们有更好更持久的理由去为自己的行为负责，那也是我们无法面对的（亦可参见第四章中的"打孩子"）。

叫停

如何在孩子淘气到无法收场时"叫停"

当孩子淘气到无法收场时，可以用下面这些方式和她开展沟通。

· 给孩子一点"惊喜"。

· 试着放低音量开始耳语，或者突然大声喊出一些词汇，但持续很短的时间。

· 试着拍手，或者突然大声吹口哨。

· 如果情况允许的话可以走开，这可以防止因为你的在场或参与而强化其不良行为的状况。但不要把离开或回避作为对于孩子的惩罚和威胁。

· 如果你不能离开，你可以用双手捧住孩子的脸或者把你的手坚定地放在孩子的肩膀上，用这样的方式来让他停止不良行为。

·进行眼神交流并且坚持让孩子听你所说的话。你可能需要坚定地抱着孩子，但并不是用太大的力气以免导致其疼痛："在你能够让自己停下来之前，我需要制止你。"当父母能保持镇定时孩子会逐步放弃那些令周围人不安的行为，并且模仿成年人平静的状态。

对学步儿来说，这些尝试可以被简化为以下三个小步骤。

1. "停止拉桌布（或者拿手机等）。"

2. "你需要听我说，停止拉桌布。"——再次说明希望孩子做出的动作，然后 ："不然的话，我必须要帮助你让你停下来。"

3. 站起来，然后向孩子走去，同时说："我要来帮助你让你停下来。"

当不良行为会导致危险与破坏时，必须立马被制止，你可以将三个步骤缩减为一步。几乎没有什么理由把三步就能达成的目标增加到四五步。如果你犹豫不决，孩子就会思考你到底是不是真的想表达那些意思。

读懂孩子的行为

管教有时是眼神，有时是温柔耳语，关键是懂孩子

孩子超负荷或失控的程度也会影响父母做出反应的程度。当父母可以细心地读取孩子的行为时，这可以让他们知道在什么状况下给出一个反对的眼神就够了，什么状况下说一些话就够了，以及何时需要更直接地介入到那些行为当中。观察一下，当你开始站起来，甚至在你真的走到她身边之前，孩子是否能让自己停下来，或者是否放慢了行动的速度。通常，当父母到达现场的时候孩子已经放慢行动速度了。

另外也可以观察一下，孩子是否在当下全然被她的冲动所吞没，并且似乎无法接收到你所说的话，直到你把手搭在了她的肩膀上。一旦孩子停止行动，平静下来，并且或多或少和你开始心平气和地沟通，你就可以向她解释到底哪里出了问题，以及为什么你需要帮助她。让她知道你注意到了她有试图努力

倾听，试图让她自己恢复控制。最重要的是，你内心要深信她
最终会学会自控的，要确保她也知道这一点。

　　随着孩子渐渐长大，父母越来越不需要从肢体层面上去
进行干预。如果一个孩子正在安静而有条不紊地实施报复计
划——例如，安静地涂画一本书的内页——那么她可能只需要
有人从言语层面去干预一下就可以了。而另一个孩子如果疯狂
地撕扯着书页，或者在被责骂后开始在更大范围乱涂乱画，那
么就需要有人从她手中拿走书与画笔。通常，孩子的行为涉及
肢体层面，父母的干预也需要相应从肢体层面去进行。当孩子
将那些不听话的念头用语言和想法表达出来，父母用语言分享
自己的感受对其进行干预就足够了。

　　通常，"少即是多"。使用你的面部表情，试着更温柔地
说话，甚至是耳语，而不是大声讲话。父母的目标是介入孩
子的行动过程，尽可能久地吸引其注意力，以降低使其调皮
捣蛋的张力。当你明确不允许孩子做一些事情时，这会让她
开始重新审视自己的行为。皱起眉头，拧起眉毛，然后紧盯
着她——对有些孩子而言，在有些情境之下，这样的方式已
经足够有效了。

弥补过失

让孩子有机会弥补过失

管教必须让孩子有机会去面对她犯下的错误，去做出弥补，并且寻求谅解。如果孩子摔坏了一些东西，她可以有机会去修理它，或者帮忙去寻找一个替代品。她可以表达自己的歉意，并且有机会得到谅解。

如果孩子伤害了另一个孩子，她可以有机会去安慰另一个孩子，去道歉，并且去规划未来如何可以使自己不失控。也许在她有具体计划之前，她和另一个孩子一起玩的机会要被暂缓。即使孩子有关于如何使自己不失控的计划，但下一次还很可能不奏效，但终有一天会有用的。道歉和修复关系的过程能帮助孩子了解他人的感受，并且在乎那些。有效的管教会让孩子意识到自己必须要做哪些事情来获得谅解，并且也令她坚信自己是值得被原谅的（亦可参见第四章"原谅"）。

承担后果

教会孩子自己承担后果

一个刚开始爬行的8个月大的婴儿是无所畏惧的。如果你把这个月龄刚刚会爬行的孩子放置在一块透明的树脂玻璃上，透过那块玻璃她可以看到自己爬在一张桌子上，而桌子的边缘如同断崖一般，即使如此，她还是会毫不犹豫地爬过去。但在拥有爬行经验1个月之后，同一个孩子在相同情况下会停下来，再次往下看，并且会停止前进。在过去的一个月，那些磕磕碰碰已经让她吸取了重要教训：周围环境中是有危险的，莽撞是有后果的。当然，父母需要保护孩子远离伤害，但保护过度也会干扰孩子从经验中吸取教训的过程。父母可以寻找安全的契机来允许孩子从体验中学习。特定的行为会导致特定的后果，这个认知对于每个孩子而言都很重要。

但是，一个年龄很小的孩子一定无法意识到自己某些行为所导致的后果。如果她已经完全理解那些状况的话，那么在很多情况下，她都会在能力范围之内主动让自己停下来。

孩子的不良行为通常都是有目的的，但并不一定是显而易见的。一个小女孩从一个房间奔向另一个房间，碰倒各种东西，她的爸爸把她抱在怀里说："好吧，这让我注意到了你。"爸爸继续说道："我知道你想要我和你一起玩，并且我也很希望自己此刻一点也不忙。但当你到处乱跑碰倒那些东西时，你知道我会因为太生气而无法玩耍，并且你也知道我们将要花时间收拾这些东西而不是一起玩。"这个爸爸帮助他的女儿理解了是什么在驱使她的行为，以及用负面行为吸引他关注的后果会是怎样的：一个愤怒的、没有时间玩耍的爸爸。

为了帮助孩子学习将其行为与结果联系起来，父母可以让其承担显然是由其行为所导致的后果。如果后果与行为之间的严重程度明显不符，或者看起来毫无关联，这对大部分孩子而言会令其十分困惑，并且干扰他们从中吸取教训的过程。当父母剥夺了一些与孩子行为无关的东西或优待，这样的后果只是用来展示父母的权威而已，它们并不会帮助孩子理解自己的行为与结果之间的联系。

父母可以从如下的后果中选择一项让孩子来承担：直接对孩子造成影响的（"回你的房间待一会儿"），拿走她的专属物品（"这个卡牌游戏会被放在柜子最上方，直到你清理干净了房间才会还给你"），暂缓她的计划（"今天下午不去游乐场玩"），或者利用她在乎的人（"如果你一直打朋友的话，他明天就不会再来我们家玩了"）。为了让孩子在行为与后果之间产生联系，后果最好在第一时间被执行，尤其是对年龄比较小的孩子。但是，通常父母先要制止其不良行为，孩子和父母也要先让自己平静下来。如果父母想让孩子承担一项有意义的后果，而不是为了打击报复，他们可能也需要有片刻喘息时间让自己冷静一下。

当后果可以用更积极的方式呈现出来，它们就会更有说服力："如果你快点把衣服穿好，我们就依旧有时间去外婆家。""如果你帮助我把餐具都摆放在桌子上，那么我在晚饭前就有时间陪你玩一会儿。""当你彬彬有礼地向别人提出要求，人们就更有可能会好好听你讲话。"这些并不是贿赂，而是帮助孩子知道"好"的行为会带来积极的结果。

避免三个误区：贿赂孩子、不让吃饭、不理不睬

贿赂会强调父母有权给予和拿走东西，会干扰到孩子学习了解为什么有些行为是被鼓励的而另一些则不是。奖励或特殊待遇也许会鼓励孩子以父母希望的方式行事，但如果孩子无法发自内心地去在乎一些事情的话，这些做法的意义是极其有限的。

例如，同样是说"谢谢"，有的孩子是为了得到奖励，而有的孩子则是发自内心的感激。当然，更令人满意的回报是孩子从对方身上感受到了同样积极的反馈。当孩子们意识到他们的行为会带来愉悦的体验，他们就会为自己的努力感到骄傲。每段经历都会让孩子在自律的道路上继续前行。父母处心积虑的贿赂对此可能毫无作用。

对更大的孩子来说（6岁及以上），零花钱是积极行为的有效激励方式。零花钱不应作为贿赂形式出现，而是孩子因为帮忙料理家务而拥有一些特权。如果在为了得到零花钱必须要完成某些家务这一点上达成共识，那么在这些家务做完前不给零花钱也是情理之中的。如果零花钱或其他一些特权被剥夺了，那么就需要清楚地让孩子知道她需要做些什么将那些部分争取回来。如果惩罚周期持续太久（"这一年都没有零花钱了！"），这在孩子的体验中就像是一辈子似的，孩子就有可能会对奖励失去兴趣，而这再也不会成为更好行为的动力。从长远来说，只是用物质来激励家庭成员间的合作只会干扰孩子的骄傲感和归属感。

但是管教孩子时要避免一些会涉及孩子基本需求的后果，例如不让孩子吃饭。食物是必需品，而不是可以被馈赠或剥夺的特权。吃饭是一家人共享的特别时光，而不是战场。并且，把食物和餐桌与惩罚的威力联系在一起时可能会导致拒食及其他进食问题。

后果

一些后果是因为孩子的行为必然导致的，父母的职责只是指出这一点并且帮助孩子学会预判结果：

· "如果你现在把它们都用光了，就不会再有剩下的了。"

· "如果你一直这么做的话，它会坏的，而你不会再有新的了。"

· "如果你在楼梯上奔跑，你可能会跌倒。"

另一些后果则是父母额外加入的，也许可以用来限制孩子捣蛋闯祸的程度，或者帮助孩子学习限制她自己：

·"如果你不把这个玩具先放好，我就不能让你拿另外一个。"

·"如果你不把你的玩具收好，今天其他时候它们就只能待在我的衣柜里了。"

·"如果你无法让你自己停止尖叫，你就必须回到自己房间关上房门，你可以在那里尖叫。"

·"如果你在商店里为了一个玩具（或者糖果）哭闹，那么我向你保证你不会得到任何东西的，不管是这次还是下一次。"

还有一些后果则是孩子的行为对他人或事物所产生的影响。再一次提醒孩子注意到这点是有必要的，当他们被行动所主宰时可能会无法思考结果是什么，即使之前已经有人告诉过她：

"如果你伤害了别人，她就会不想和你玩。"

"如果你提出请求的时候不友好，那么没人会想要帮助你的。"

在孩子所需要面对的后果中，最不妥当的就是父母的不理不睬，这种情感抑制不应作为一种惩罚出现。当孩子行为不端时，父母感觉愤怒是很正常的，孩子意识到自己的行为会导致这样的后果也是重要的。但她也会模仿父母把愤怒搁置一下的能力。如果父母怒气冲天或闷闷不乐地疏离犯错误的孩子，孩子有可能会再次尝试着通过不良行为把父母卷进来。当孩子感觉到父母对自己的负面情绪时，她就失去了去停止那些不良行为，并且从错误中吸取教训的动力。

孩子需要知道她和父母的关系是经得起其"坏"行为的考验的。但孩子需要隔离冷静一下，或者需要被送去她的房间，这都是为了帮助她平静下来，或者让她远离使她感觉挫败的源头。但是当这些目的并不明确时，这些方式都会让孩子轻易感觉到自己被父母永远推开了。对任何一个小孩子而言，与父母的关系都如此重要，因此当感觉到这种关系被威胁时，她会难以从正在发生的事情中吸取教训。当一个孩子担心父母再也不会照顾她时，她就有可能尽力展现其"坏"的一面，试图在绝望中试探父母是否真的会因为那些"坏"行为而远离她。

父母统一立场

父母就"规则"和"打破规则的后果"达成一致

当父母在管教孩子时处于两难境地，可能需要自己先隔离冷静一下，这样就有机会与一起抚养孩子的另一半就此情况讨论一下。通常，孩子那些冒犯的行为可以立刻被制止，如果父母对于如何让孩子做出弥补的方式有分歧，他们就需要在孩子听不见的前提下讨论商量一下。"你现在就回到自己的房间去。你妈妈和我必须谈谈你该如何弥补自己的错误。我们会让你知道讨论结果的。"

当父母双方一起养育孩子时，最有力量的启示来源于对于彼此成长经历的探索——每一个人都是以如此不同的方式被父母抚养成人。父母之间也许会感觉这种差异难以调和，也难以为当下的管教寻找共同的落脚点。从很小的时候开始，孩子们就能察觉到父母之间的意见不合，并且会去试探这些部分。当孩子知道父母一方会站在她这边共同对抗另一方，或者"保护"她免受对方的管教措施时，那么她就会持续不良行为。也许她会短暂地享受与保护她的那一方父母之间的亲密，但是她也会对忤逆管教她的那方父母而感到内疚。通常，父母一方选择让孩子承担的后果远没有双方共同选择的后果所造成的影响力大。

让父母之间达成共识，这一点做起来可没有嘴上说说那么简单。为什么有时候没等到配偶同意就等不及想要把规则实施下去呢？非常在乎孩子的两个成年人都对孩子充满了爱，这些爱也会导致他们互相之间的竞争，我将之称为"守门员效应"。当他们想在孩子内心争得一席之地时，他们都会意识到在管教当下"妥协"的父母往往可以赢得孩子的欢心，尽管只是暂时的。

但孩子需要养育她的大人们就规则与打破规则的后果达成共识。私下里，父母可以事先讨论孩子那些预期中的不良行为，并且约定他们将做出的共同反应。当孩子用新的不良行为挑战父母时，他们则可以先稳住局面，直到他们有机会讨论出应该让孩子承担怎样的后果。当他们一起想要上前帮助孩子平静下来时，一个快速交换的眼神就足以表达："我们待会儿要讨论一下这个情况。"

父母双方携手应对孩子的不良行为

1. 停止孩子的行动，使用隔离冷静法，或者要求孩子回到自己房间。

2. 深呼吸。

3. 和配偶讨论一下，并且寻找出一个你们都可以接受的方案。

4. 一起商量出要让孩子承担的后果，这既要和她的不良行为密切相关，又要致力于实现你们的共同目标，例如冲动控制、考虑他人感受、明辨是非等。

5. 让孩子知道你已经就她的行为和另一半讨论过，并且会在她能够平静参与讨论时再次和她回顾此事。

有时候，父母一方回应孩子不良行为的方式是给予限制，而另一方则认为这是没有必要的。几乎在所有情况下，遵循第一时间的反应是最好的，并且可以约定稍后再私下讨论如何在未来处理这类情况。如果问题行为发生时父母一方是在场的，那么另一方父母通常都应该支持对方第一时间的反应。如果一方父母贬低另一方的权威性，这会让孩子感到非常困惑，甚至内疚，并且不确定父母的管教是否能在她自己过于冲动时给予她保护。父母时不时需要对自己的一些管教观念妥协，以和对方更加紧密地合作。当孩子感受到父母是一个团队时，她会感觉到家庭是安全之地。

父母需要达成共识的方面

· 家务

· 零花钱

· 入睡时间及睡前仪式

· 餐间零食

· 打人及斗殴

· 电视（关于观看时间及内容）

父母一方"无暇"时

不管父母采用什么样的育儿方式，很可能一方父母会承担更多的管教角色。尽管父母一方看起来更像是管教者的角色，但其实父母双方都会对其实施管教，而管教通常发生在那些自己最在乎的问题上。如果管教者的角色并不是父母双方共同分担的，孩子就更有可能认为父母一方是"好"的，而另一方是"坏"的。但事情远没有想象中的那么简单：通常，那些回避管教的父母带给孩子的内心体验可能更不安定，甚至会令孩子觉得害怕与不安全。当双方父母都在家时，孩子需要知道他们两个都能给出坚定的界限。当管教不能成为双方共同分担的责任时，父母可能不知不觉带给孩子一些预期，而这在他们成年后与他人建立关系时也会体现出来。

犹如"守门员效应"并不足以让父母在表面上发生冲突，父母对于彼此的失望往往是通过养育孩子意见不合的方式表达出来的。更微妙的是，他们或多或少会把孩子拉进来站队。当一个5岁的女儿拒绝收拾玩具，躲在桌下朝外观望时，丈夫对妻子说道："我觉得你对她要求太高了。"在这之前，妻子刚刚抱怨过他回家太晚了。妻子则反击说："如果我们现在对她没有要求，她如何能学会在玩好玩具后把东西都收拾起来？"小女孩实在受不了了，她从桌子下面朝着妈妈大喊："妈妈，我讨厌你！"现在，5岁孩子的困扰已经不仅仅是无法在玩下一样东西之前把前一摊东西先收拾好，更是察觉到了她的行为会导致父母之间的矛盾。对5岁孩子而言，"美化"父母中的一方并推开另一方是多么具有诱惑的一件事情啊，而"玩好东西后要归位"在此刻似乎已经显得不再那么重要了。

孩子与父母"远近有别"时

这个年龄段的孩子经常会亲近父母一方而疏远另一方，这个特性也会让父母共同分担教养责任变得更加复杂。当一个4岁男孩在当下非常黏妈妈时，他会希望爸爸不要管他。当爸爸对他说："因为你没能把玩具收拾好，我要把它们都拿走"时，对他而言会有多么艰难。如今他有多大的动力去不服从父亲的指令啊！如果妈妈在那一刻是"被孩子引诱"的，她可能就会试着去"保护"儿子远离父亲的异议和规则："再给他一次机会吧，他还只是个孩子。"如果她真的那么做的话，父亲的管教似乎就成为了不公正的、甚至是令人恐惧的存在。父母双方需要阵线一致地让孩子知道管教在何种情况下是合适的。

父母离异

当父母之间存在冲突、正在分居或已经离异，孩子对于父母统一阵线的需求一点都不会减少。但是在这些情况下，父母势必会在了解双方在管教方面的期待与优先级，以及共同决定孩子所要承担的后果时面临更加困难的局面。当父母中的一方单独抚养孩子时，寻求另一方的意见也更加困难。当父母对于管教存在分歧时，孩子很快就知道在父母双方面前可以达成不同的目的。父母需要非常努力才不至于忽略孩子到底需要什么。管教问题不应成为父母关系问题的另一个战场。

合作管教

如何引导孩子遵守学校纪律或社会规则

父母无法在真空环境下管教孩子。孩子会从周围的环境中了解到对自己更多的要求与期待，不仅是从父母身上，还可从祖父母和其他亲戚、老师、其他孩子的父母和另一些人身上了解到这些信息。我们所归属的群体规则是由各方共同制定的——家庭、社区、社交群体、国家。

当"外部世界"介入进来时，父母可能会本能地想要保护孩子远离那些其行为所带来的后果。但为了学会自律，孩子需要面对那些。

在电影院里，一位女士对着一个妈妈和她的两个女儿愤怒地发出嘘声："嘘……你们的声音太大了！"父母可能会想要保护孩子，并且反击说："他们还只是孩子！"这对任何年龄段的孩子而言都多么令他们困惑啊！相反，这恰好是一个让他们意识到自己会对他人造成影响的契机。当父母告诉孩子："她是对的，快安静下来！"这是在给孩子传递其需要的信息。

幼儿园和学校里会有各种规则，孩子必须学会与这些规则共处。有些规则在父母眼里仿佛是在为老师们谋便利（"孩子们在午饭后要睡午觉"似乎是让老师们有借口休息一下），另一些似乎则源于不足的物质条件（更大的、带有儿童防护措施的空间能让孩子有更多的施展余地）。但很多需要孩子（以及成年人）共同遵守的规则是为了公平对待有冲突的需求及有限的物质条件而产生的。学校规则对孩子而言是一种较早的机会，帮助他们面对平衡自身与他人需求的必要性。他们也会从调整自己行为的过程中得到赞赏，以更受欢迎的姿态参与到精彩的集体活动中去。

　　老师们需要父母支持学校制定的规则与期待，但当老师必须把孩子的不良行为告诉父母时，父母会感觉被批评了并对此产生抵触。所有的父母都知道自己的孩子有时会发生不良行为，但这一点在学校的框架下令人更加难以面对，因为这更公开，父母的控制力更小，而代价也会更高。

　　我们所描述过的父母之间的"守门员效应"在老师和父母之间也同样存在。老师们也非常在乎自己的学生们，尽管他们的努力有时候得不到认可。无论是父母还是老师，没有人觉得孩子的"坏"行为是自己的错。当家中和学校的规则不一致，孩子一定会感觉困惑，而父母和老师也可能会互相指责对方。但当父母和老师试着开展合作时，他们就能强化彼此对于孩子的期待。

　　当父母不太确定如何回应孩子的行为时，向老师、祖父母或其他父母寻求建议都可能会有所帮助。看着各自的孩子在游乐场里玩耍时，一位父亲说："她最近真的嘴很硬，总是要还嘴。"另一个爸爸说："我女儿也是的，但你还是要对此说些什么的，她必须要看到其他人在她无礼的时候会作何反应。"

　　当孩子还小的时候就彼此认识的父母会在未来几年里不断帮助彼此，并且一起度过孩子的青春期，那时的问题往往更复杂更可怕，的确需要"举全村之力"来养育一个孩子。

第三章 孩子出现"坏"行为，试试"五步管教法"

能量不分正负，都是爱和成长开始的地方。

给孩子立规矩

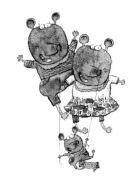

尽管孩子会以各种出其不意的方式进行不良行为，但父母通常可以遵循有规律的五个步骤来帮助他们从错误中吸取教训。第一步，孩子的不良行为必须被制止。第二步，孩子必须恢复对自己情绪的控制并且让自己平静下来，然后才能进行下一步。第三步，他需要思考自己所做的事情并且理解其产生的后果，包括这些行为对他人造成了哪些影响。第四步，解决问题，有时候当孩子试图做出弥补时，还会涉及各种谈判与妥协。第五步，后果、弥补、道歉与原谅。

第一步　理解孩子的"坏"行为

孩子的"坏"行为传递了哪些信息

"坏"行为的确是"坏"的，当我们试图理解它，并不代表了要去接受它。

坏行为的确需要被制止。制止"坏"行为本身在当下并不难——转移注意力、小恩小惠、威胁或惩罚通常也都是管用的，父母当然也可以通过强力施压制止孩子，但是孩子在这样的过程中没有反思与学习，问题行为就很有可能会重现。

另外，一旦孩子长大到可以和父母平起平坐时，以上这些方法也不再管用了。

相应地，当你理解为什么孩子有不良行为时，你就可以帮助他来理解他自己。然后他就更有可能学会在不良行为卷土重来之际让自己先停下来。

当一个孩子行为不端时，其实是在以另一种方式诉说他的感受，比如关于他还不能理解的，或者还做不到的，或者一些他试图去厘清的部分——关于你的、他的老师们的、朋友们的或兄弟姐妹们的，然而这并不是其不良行为的理由。不过，当你能够听到其行为背后的声音，对此做出反应就会更容易一些。以下是一些"坏"行为试图传递的普遍信息。

"坏"行为所传递的信息，以及简单回应

信息：孩子不知道规则是什么。

回应："这么做是不可以的。"（确保你说的时候看起来是很认真的。）

信息：孩子在努力控制冲动，抵御诱惑。

回应："你知道自己不能因为想要别人的东西而直接就拿。我会帮助你停止这种行为，直到你学会让自己停下来。我们要回到超市里，这样你能把你自己拿走的糖果还回去。"

信息：孩子需要来试探规则，以确定你在所有时候都是认真对待这些规则的。

回应："我是认真的。""那样的事情是不会在任何地方被允许的。"

信息：孩子试图去沟通一些事情，但还无法把它们用语言表达出来。

回应："我知道你是不安的，但你也不可以去伤害你的朋友。等你平静下来了，我们可以一起试着去看看到底是什么东西困扰着你。"

信息：孩子需要关注。

回应："很抱歉我没意识到你的感觉有多糟糕，但是砸玩具并不是用来告诉我这些感受的方式。不管你什么时候需要拥抱，你总是可以向我提出要求的。但有时候你可能需要等一等，而那么做并不容易。但我知道你会学着等待的。"

信息：父母吵架的时候孩子感觉焦虑。

回应："把食物扔在地上并不是表达自己内心困扰的方式。我会帮助你清理它们，并且从现在开始，我们一吵架你就可以把耳朵捂起来，这样我们就知道什么事情让你感到困扰了。要记住，我们并不是对你感到生气。"

信息：孩子在学校里被嘲讽或者霸凌。

回应："我知道你今天不想去学校，但并不知道为什么，在我不知道原因之前也没办法更好地帮到你。我不能让你独自待在家里一整天，因此你必须下床并且穿好衣服，和我一起吃早饭，然后我们可以聊聊究竟是什么让你不想去学校。"

信息：孩子感觉无聊，并且还没有学会如何自娱自乐。

回应："我不能让你撕书，如果你想让我陪你看书，你可以提出要求，并且我会在自己可以的时候尽快来陪你看的。此时此刻你可以先自己看看那些图片，或者去拿你的蜡笔画画。"

孩子如何看待自己的"坏"行为

没有孩子喜欢做出坏行为，尽管有时候看起来似乎他是故意的。下面这些关于孩子对于自己不良行为的态度问题，能帮助你决定采取哪些步骤来帮助他停下来，并且让他自己恢复控制。

首先，问问你自己：孩子真的明白这些吗？如果孩子的确是不明白的，那么找到他可以去学习的部分就格外重要。

· 孩子是否还没有到可以理解这些事情的年纪？
· 他知道接下来会发生什么吗？
· 他是否接收到了过于复杂的信息？
· 这些规则对于这个年龄的孩子而言是否过于复杂了？

然后，如果孩子的学习接受能力更强了，你可以问自己："是什么促使他出现不良行为的？"

· 他能够接受现实吗？
· 他能控制住冲动吗？
· 他需要被提醒吗？

·他是否需要确定你是认真的？

·他知道后果吗？

·他为自己所做的事情感到羞耻还是骄傲？

·他是不是从中获益，例如得到了你的关注？

·他是否觉得规则不公平？为什么？

·他是否只是需要和你单独待一会儿，拥抱一下并得到你全身心的关注？

当"坏"行为反复出现时，仔细寻找原因

当孩子不断重复相同的行为，可能是因为他每次得到的回应都不尽相同，并且可能对规则感到不确定。你可以注意一下自己是如何回应他的，以及周围其他照顾他的成年人又是怎样回应他的，和他们聊一聊，确保孩子每时每刻从不同人那里得到的信息都是一致的。

当孩子不断地出现不良行为时，可能背后有一些无意识的"积极"后果在驱使他不断那么做。例如，消极关注对他而言总好过完全没有关注。父母对此的感受和回应不断强化着他的不良行为，导致他一次次重蹈覆辙。例如，当父母对着那些滑稽的举动大笑时，这会促使他再去做一遍。

即使当孩子知道自己所做的事情是不对的，他也有可能因为别无选择而再次做那件事情。需要确保的是，每当你限制或禁止孩子做一些事情时，要帮助他找到一些可以替代的不同事情去做。

学习需要操练，而操练需要重复。当你不得不反复多次纠正孩子的行为时，这并不代表他没有在学习。

但有时候，当孩子一次又一次重复问题行为且原因不明时，这可能是更严重问题的外在症状——例如，注意力缺陷多动障碍、学习障碍、情感障碍、焦虑或自闭症谱系障碍——这些都需要精神卫生专业人士的帮助。在这些情况下，孩子的确无法学会分辨是非，即使他知道，也经常无法让自己的行为符合周围人的预期。

关于"情感操纵"的一点说明

当我们认为一个孩子是擅长"情感操纵"的，这就意味着孩子无意识中在用令人无法接受的行为去获得他想要的东西。当把孩子的行为视作"情感操纵"，这会让父母和孩子站到各自的对立面，但这并不会弄清楚当下到底在发生什么，也不会为解决问题提供任何方案。

当孩子的行为让周围人认为他是在"要手段"时，可以试着问以下两个问题来避免责备，并最终到达理解行为与解决问题的层面：

1. 问题行为真的只是因为孩子无法拥有他想要的东西吗？如果是的话，他需要学会控制自己的情感，处理自己的沮丧与失望，并且接受他不能总是拥有自己想要的东西。

2. 是不是孩子的确不知道如何用其他方式来得到自己想要的东西？

父母检视自己对孩子"坏"行为的反应

你自己的态度会影响你反应的方式，有时候还会影响到孩子的行为本身。以下这些问题也许能帮助你更好地厘清自己：

· 你对此感觉矛盾吗？

· 他正在做的事情有没有一些滑稽可爱之处？

·他的行为是否有让你感到骄傲的部分？（"至少他不会让任何人牵着鼻子走！"）

·他是否在把一些你内心无法表达的情感表达出来——例如，你对于老师、另一个孩子或者配偶的情绪？

·是否所有照顾这个孩子的成年人都认为他应当停止这种行为？

·你在他这个年纪的时候是否也这么做？如果是的话，当时是什么驱使着你那么做的？

察觉你自己对于孩子不良行为的感受是有帮助的——例如，开心、恼怒、失望、挫败、恐惧、急切或失败，或者你自己的失控感。他的行为会激起你的内在感受，并且最终影响你所做出的反应。另外，孩子一定会读取你的面部表情，这些都会让他觉得眼前的情形更加明朗，也有可能会愈加困惑。

如果你觉得他的行为很滑稽，尽量不要表现出这一点，这样他就不会认为自己的"坏"行为是你想要和他一遍遍玩的一个游戏。

通常，你的反应不仅基于孩子所做的事情，更是因为他的一些行为所激起的令你感到强烈不安的事情——例如，你自己内心的叛逆，或者你担心他日后会闯下更大的祸。很多父母最终会意识到，他们要提醒自己，小孩子某些必然会出现的不良行为，例如咬人、打人、大发雷霆等，这些并不能预测孩子在长大成人之后的表现。

父母们当然会觉得自己需要对孩子出现的问题行为负责。但如果你对自己过于严苛，你也许会对孩子过于严格或者不够坚定。如果你能从自己的感受出发设身处地地为孩子考虑，你就能寻找到正确的平衡点，并且帮助孩子为其行为负责。

"坏"行为的常见起因

无论起因是什么，"坏"行为都需要被阻止。但除非你和孩子可以深入到问题背后去看看是什么在驱使他那么做，不然他可能还会重复那些行为。以下是一些供父母思考的起因，显而易见它们都需要不同方式的回应。

> 起因：冲动行为——孩子无法让自己停下来。
> 方法：你必须制止他，直到他能够让自己停下来。

最终你的重复制止行为会帮助他学会这一点。这样做会令大家感到沮丧，并且难以保持平静。但当你这么做的时候，会让他聚焦于吸取教训，而不是应对你的愤怒。

起因：被情绪吞没——"我太嫉妒自己的弟弟了，要把他的玩具拿走。"

方法：做出弥补——他必须把玩具还回去——但帮助他理解其感受，并且努力寻找一些和他独处的时间，抱抱他，让他也能再次"做个小宝宝"。

起因：一个潜在的问题——例如，因为年龄太小而无法表达他的需求和想法；或者因为语言发育迟缓而导致他无法用语言表达自己的想法与需求，转而用打和抢的方式来表达。

方法：当他沮丧于无法用语言表达自己的需求和想法时，安抚他一下。观察那些他一定会情绪爆发的情形，在那些时候他会感觉无法表达自己。当你和他谈话时帮助他厘清自己究竟想要什么，不带压力地鼓励他用语言和手势来表达自己（"你坐在桌子旁已经很累了是吗？""你准备好重新回到地板上玩了吗？"）。询问孩子的医生他是否需要进行

言语和语言方面的评估。当孩子到了2岁还无法把
两个或更多的词汇组合使用时，都应该进行这方面
的测试。

起因：父母、孩子或双方都相信孩子是"坏"的，
并且不会变"好"。

方法：确保孩子明白"坏"的是行为本身，而他可
以学习用不同方法来应对。当孩子出现"好"的行为
时，要对此进行赞许。

第二步　搞清楚"坏"行为发生的过程

不良行为是何地、何时以何种方式被发现的，以及是谁让
你注意到这个行为的，这些信息向你透露了事情的起因，以及
可以做些什么使其停下来。

何地

那些发生在家中且你在场的不良行为往往更容易理解和处
理。相对比较简单的处理方法是，制止不良行为，确保每个人

都是安全的，然后找一个安静的地方让孩子平静下来，再一起探讨发生了什么。比起孩子在学校或者在朋友家玩耍时的"坏"行为，在这种情形下搞清楚到底发生了什么要容易得多。小孩子在家中会闯哪些祸是比较容易预测的，例如打人、还嘴、恶毒刻薄、撒谎、拿别人的东西、把东西搞乱或弄坏、作弊或者不遵守规则。

关于"只是试图获取关注"的一点提示

孩子令人气恼的行为——例如，反复做一些他知道不能做的事情——通常是为了"获取关注"。但没有人真的乐于被消极关注，并且这样的恶性循环对孩子和你而言毫无乐趣。孩子通过不良行为来获取关注的原因有以下三点。

· 无聊，也就是他自娱自乐的能力有限，或者在他寻求关注的当下情境中自娱自乐的能力有限。例如在长时间行驶的车辆上，或者在牙医办公室的漫长等待之时。

· 与其他人或事物的竞争情绪。例如那些似乎得到你更多关注的手机或可爱的弟弟妹妹。

· 真正需要你的关注。例如，他有一些事情要告诉你，或者他需要你的帮助来理解某种他还无法用语言表达的感受，或者他只是需要拥抱并且知道你有时间全身心地和他相处。

当孩子在朋友家玩耍时，攻击行为及拿别人的东西都是常见的。而在公共场合最常见的问题当然是大发雷霆。这些状况的发生通常是因为孩子承受了过多的刺激，想要与分散你注意力的人或事物竞争，并且会受制于环境的局限性（例如车里或超市里）。渐渐地，父母就学会了以始终如一的态度去回应这些不可避免的日常管教挑战。

何时

当一个小孩子行为不端时，他需要尽快管教。不良行为的发生与父母发现其不良行为之间的时间间隔越长，孩子就越难以将行为起因和其造成的影响建立起联系。如果父母隔了很久才发现其不良行为，那么起因可能就变得不清晰。届时，孩子也可能"发明"了某种托词来解释自己的行为并几乎相信这一点，但又无法记起究竟是什么驱使他那么做的。这种时间间隔也意味着孩子有足够多的时间去隐藏他的所作所为，假装什么也没有做过。

怎样

是谁把问题带到你眼前的？当然，如果事情就在你眼皮底下发生，那么你知道孩子并没有努力向你隐瞒此事。这是一个相对容易的出发点，尽管他可能感觉羞愧，并且非常担心其需要承担的后果，以至于会拒绝承认现实。另外，如果你是偶然发现其"坏"行为的那个人，那么就需要确定他是否知道自己做的事情是错的，他是否故意要瞒着你，他是否能承认自己所做的事情并且意识到那样做是不对的。当他真的能够承认时，让他知道你有多么珍惜他的诚实。

如果是通过其他兄弟姐妹让你知道了某个孩子的不良行为，那么就要在脑海里打个问号，意识到真相可能不会真的被看见，并且要尽量避免卷入手足之争当中。

当其他孩子告诉你的特定问题是你的孩子一直有的不良行为模式，并且没有人因此真的受伤或面临危险，你最好抱住两个孩子和他们谈谈，让他们意识到他们自己有责任去面对那些状况。但是，如果其中一个孩子或两个孩子都濒临崩溃，那么最好先将他们分开一下，这样他们就可以让自己平静下来，恢复对自己的控制。父母最好避免介入"究竟是谁导致了这一切"的问题，你可以带领孩子们体验道歉和问题解决的步骤，例如你们可以换一项新的活动并且让他们重新开始。当你孩子的朋友，或者那个朋友的父母，或者老师来"告状"时，事情就变得更复杂一些。除非你有充分理由去怀疑其他成年人，否则不要轻易低估他们的权威性，因为这可能会给孩子的问题行为火上浇油，导致更加难以收场的问题。

如果孩子在做了不该做的事情后故意让你发现，那么他可能迫切需要规则与限制。如果你没有给予及时而清晰的回应，他很可能会感觉困惑，并且觉得没有人关注他。更糟糕的是，他可能会感觉没有人在乎他，没有人愿意给他立规矩。结果就是，他会重复这些不良行为，或者出现一些更严重的不良行为。

第三步 对质

最重要的是在孩子有需要的任何时候确保其安全并使其恢复平静，你也需要控制自己的情绪。

如何跟孩子对质

如果没有眼前即将发生的危险状况，那么你所做的第一步是要选择何时、何地以及如何让孩子知道他的所作所为是错误的。总体来说，能越早和孩子沟通越好，因为任何延迟都会让孩子认为其不良行为是可以被接受的。但如果你还不确定如何将不良行为转变为学习契机，那么也许你自己还需要更多时间去调整。为了给自己留有时间余地，你可以先马上制止孩子的行为。然后，让孩子知道你会在事件平息下来之后和他聊聊的。如果存在如下情况，你也许需要一个更好的时间和地点来谈论已经发生的事情。

·有其他人在场，当着他们的面与孩子对质会让他感觉羞耻；

·你自己很疲劳，需要休息，这样才能建设性地解决问题；

·你正在开车，或在公共场所，或者其他一些也许会令你无法招架孩子反应的情境下；

·你觉得其他一些成年人，例如配偶、老师、孩子朋友的父母等，可能有与你不同的管教方法。当周围的成年人在管教方面所给出的回应不同时，孩子更难以从中吸取教训。

当你和孩子谈论所发生的事情时，你有下列选择：

·你也许可以自己描述其不良行为；

·你也许可以让他来描述不良行为；

·你可以和他谈论为什么这种行为是有问题的，并且阐明这种行为已经或可能导致的后果；

·或者你可以请他思考一下自己的行为，并且给出他自己的判断。

你的回应方式取决于他是否知道自己做错了事情、为什么做错事情，以及他是否准备好了去面对后果。

· 如果他不知道为什么他所做的事情是错的，那这是你要教育他的部分。

· 如果他已经知道这么做是不可以的，那么你的工作就是要帮助他理解为什么他明知故犯，以及他该如何防止自己再次做那些事情。

· 如果他害怕承担后果，你必须要坦诚相告他将面临的后果，但让他相信这些需要承担的后果都是合理的，它们并不是用来惩罚他的，而是帮助他学习。

· 如果他的不良行为是为了得到某些东西（例如偷饼干、通过作弊赢得比赛），而他依旧对于没有得到的东西耿耿于怀，你可以帮助他学会消化那些挫败感，接受事情并不总是会以他想要的方式发生。

发育阶段不同，对质方法不同

你是否要和孩子对质他的行为，你该如何与他谈，这些取决于他到底做了什么，也取决于其发育阶段能让他接受何种程

度的管教，以及他是在何种情况下做了这些事情的。年龄小的
孩子在累了、饿了或有压力的时候自控力会下降。即使如此，
是非标准并不会因此而变化，这点需要向他明确表示。随着孩
子慢慢长大，对他的合理要求也会随之发生变化。

特别是在12～36个月大的时候，孩子们很可能每天都会
卷入同一种或另一种问题行为当中。这是他们逐渐学会控制冲
动与明辨是非的方式。但如果他们的行为不断被纠正，或者被
纠正的时候过于严苛，他们就可能会让你出局并且失去想要做
得更好的动力。当然，如果一个孩子无法停止伤害自己或他人
时，你总是可以让他停下来。但有一些问题行为，例如把玩具
摔坏，有时候可以被无视，因为这种行为的负面后果是由孩子
自己来承担的。

第四步　回应孩子的反应

对质时，孩子可能会有哪些反应

当被对质时，孩子对于自己所作所为的反应可能包括

下列几种：

· 否认；

· 失控：尖叫、大叫、大发雷霆；

· 回避；

· 若无其事；

· 责怪他人；

· 承认错误；

· 懊悔。

孩子常用的借口有：

· "这不是我干的！"

· "是她做的！"

· "这不是我的错。"

· "我不知道自己应该怎样。"

· "这没什么。"

· "但这是被允许的。"

· "别人这么做的时候，你是无所谓的！"

· "上次你说我可以这样！"

· "我朋友的爸爸就让他那么做。"

· "我不在乎。"

· "你不能替我做主。"

如何回应孩子

以下是你开始管教孩子时的做法及管教的目标。

· 安抚与安慰，以帮助他平静下来。

· 设定界限——清晰阐明什么是被允许的，什么则不被允许。

· 处理羞耻感，以及对惩罚的恐惧，那些情绪都会干扰孩子面对已经发生的事情。

· 避免和淡化权力斗争。

· 激发孩子的希望和动力。

你最终会找到属于自己的语言来达成这些目标，但当你还没找到时，试试下列这些说法也许会有用：

· "你和我都知道发生了什么。我们并不会就谁做了什么去进行争论，我们只是需要弄清楚你将如何对自己所做的事情进行弥补。"

·"你知道自己不能那么做的。我知道你也想停下来，并且要做到这一点很难，但我不能让你那么做。我们可以一起努力来帮助你记住这样做是不允许的。"

·"你说得对，当你搞得一团乱时并没有什么大不了的，但别人必须要把这些清理干净，我们要一起来打扫。下次在你把东西弄乱以前，最好先想想打扫的事情。"

·"此刻我并没有在讨论别人如何，我在讨论你的事情。"

·"你朋友的爸爸有权决定他会使用怎样的规则，但在我们家里，这就是我们的做事规则。"

·"也许你此刻很想说自己不在乎，但也许你真的很在乎。"

·"你说得对，你应该听自己的。但当你无法保持自控时，我必须要来帮助你。"

当你发现孩子的不良行为并对此进行对质时，孩子也会开始处理他的反应，你的目标是帮助他远离否认、回避、无所谓和指责他人的状态，进入承认、懊悔和吸取教训的状态。

第五步　承担后果、弥补、道歉与原谅

能让孩子吸取教训的后果

如同我们之前所提到的那样，承担后果并不等于惩罚，也不是进行某些行为的条件，而是为了帮助孩子去理解他的行为与所造成的影响之间的联系，并且促使他改变其行为。如果他们处在不知所措、害怕、羞耻或过度渲染的负面情绪中，他就无法从错误中吸取教训，也会在你的道德权威下失去信心。如果所要承担的后果维护了他的自尊，他就可以把注意力集中在吸取哪些教训上，而不是否认自己的所作所为。当所承担的后果是经过慎重选择的，就可帮助孩子更好地面对自己的问题行为，更好地面对自己的行为所造成的结果，并且让其他人对其行为的担忧最终成为孩子自己的考量。

承担什么样的后果是有效的？

· "坏" 行为发生后就马上跟进后果。

· 与不良行为本身密切相关，并且可以作为一种弥补方法。

· 强制性的。

· 公平的。

· 合情合理的。

· 孩子有能力去面对的。

· 帮助孩子能自发地真正在意这些问题。

· 有时间限制的。

· 清晰表达原谅，并且给予孩子成长与学习的希望

很多不良行为会导致其本身的后果。例如，孩子弄坏玩具或心情沮丧时撕书，他就没法再使用这些东西了。当他下次再用同样的方式处理自己的沮丧情绪时就会三思而行，只要你没有立马把他弄坏的东西换掉。如果他不断打另一个孩子，那个孩子就会不想再和他玩耍，这又是一种自然而然的结果，除非是为了保护另一个孩子，否则父母应该尽可能少去干扰这个过

程。但是，你的孩子可能需要你的帮助才能认清这当中一些尚不明确的因果联系。首先，试着问问他，为什么朋友的妈妈说自己的孩子不能再和他一起玩？然后，如果有必要的话，可以给他提供一些他没有察觉到的信息供他思考。

当不良行为带来自然的后果，或者当非家庭成员或另一些家庭成员对于孩子的要求与父母不同时，父母很有可能会想要保护孩子免于面对这一切。特别是当孩子处于躁狂状态，或者向你求助来改善局面时，这样的念头是特别难以抵御的。有时候，他甚至会威胁说如果你做不到的话，他将永不原谅你。在不同状况下，你都需要做出不同的决定，但也许记住下面这一点是有帮助的：只着眼于在短期内减少孩子的压力可能会导致其更多的不良行为及更长期的压力。尽管看起来不符合常理，但当父母敢于直面孩子的愤怒时，他们反而是在表现自己对于孩子的关心，并且在乎孩子的成长与学习。

随着孩子长大，他有越来越多的行为会在更大的范畴中产生一定的后果，而你并没有办法保护他远离这些。所以，你和他最好现在就开始习惯这一切，而不是在未来对此感到震惊。不管怎么说，当孩子年龄大到你已经无法控制他的行为时，你就会发现自己已没有选择，当他在学校、社会惹出麻烦或触犯法律的时候，就只能让他承受其行为所带来的后果。

承担后果能锻炼孩子解决问题的能力

许多管教问题源于孩子有限的问题解决能力。解决问题的能力是我们所有人所能学习到的最重要的技能之一。事实上吸引我们的是，更好的问题解决能力也许会帮助我们更有效地去面对一些最严重的挑战。

不良行为可以成为孩子操练问题解决技能的契机——在父母的帮助之下。承担后果也可以帮助孩子不断尝试解决问题的更好方式，例如处理他们强烈的情感、学会分享和轮流、理解他人的感受与视角、做出妥协、忍耐挫折、去做那些他们不想做但一定要做的事情。那些符合不良行为的后果能让孩子感觉到他们是有机会把事情纠正过来的，并且能够被原谅。这能够帮助孩子们复原并建立适应力。这样的后果也会强化父母的道德权威，而这是父母管教孩子时最重要的工具之一。

哪些后果是为了解决问题且是和不良行为所匹配的？下面是一些举例。

- "你拿了他的玩具。把玩具还回去并且找一些自己的玩具去玩。"
- "你故意弄坏了一些东西（或不小心的），去修好它，或者用你自己的零花钱买个新的。"
- "你生气的时候弄坏了一些东西，把它修好，并且找到一些即使你生气时用来捏、撕或扔也不会坏且不会伤害任何人的东西。"
- "这个上午你们无法停止和彼此打架。你们需要分开玩，直到你们准备好了和彼此一起玩耍并好好相处，或者你们可以玩一些不会让你们再次打起来的游戏。"
- "下次当妹妹打扰你的游戏时，你可以给她一些她自己喜欢玩的东西。"
- "你伤害了他的感受，你要认真说对不起并给他一个拥抱。"（这解决了孩子们都感觉很糟糕的问题，因为那个诚恳道歉的孩子也会感觉好一些的。）

通常，当你和孩子可以共同面对这些后果时，效果是最好的。试着在一开始先问问他，如何才可以让事情变得更好。

后果有助于弄明白问题究竟是什么，以及如何解决这些问题，并且能让事情重回正轨。隔离冷静法（只有在孩子彻底失控且需要冷静的时候才会使用）、扣押零花钱（除非孩子需要为自己拿走的或弄坏的东西买单）、关禁闭（除非孩子在户外时会做威胁到自己安全的事情）、体罚和其他一些与不良行为并不特别相关的回应通常并不会教会孩子什么，尽管它们有可能让不良行为暂停。如果这些做法令孩子感到羞耻，这会让孩子确信他自己是"坏"的。一旦他相信自己是"坏"的，他就更有可能惹出更多麻烦来。如果后果是可怕的或者难以理解的，孩子下次就会更加小心翼翼地掩盖自己"坏"的部分。

创造弥补过失的机会

如果孩子有机会去修复其所造成的损失，他们就更有可能从错误中吸取教训。做出弥补需要他们克服尴尬或羞耻感，去面对其行为所带来的影响，并且操练问题解决的技能。通常他们也需要父母的帮助来弄清楚如何才能让状况得到改善。对于你所选择的需孩子承担的后果，这是一个重要的指导性目标。

这些后果可以帮助孩子进行弥补：

· 提供面对错误的契机，接受自己所要负的责任，"补救"，并且向前看；

· 帮助孩子看到他能够从错误中吸取教训，这样他就不会再犯相同的错误了；

· 保护孩子对自己的感受，当他觉得自己是个坏孩子时，就一定会出现更多的不良行为；

· 表达原谅及希望——相信孩子下一次会做得更好；

· 永远不要吝惜父母之爱。

宽恕的力量

一旦孩子能够面对他所做错的事情并且接受他必须做出的弥补，这就是让他知道自己能得到原谅的时机。当你原谅孩子时，你就是在告诉他那些不良行为并不会定义他是谁，或者你是如何看待他的。宽恕能使孩子全面看待自己的错误，通过这种方式向他所传递的信息是，你已经在向前看了，而他也可以。当他看见你能放下愤怒、沮丧和对他的失望时，他也可以放下这些感受。向他示范自己如何掌控情绪以及自己的慷慨，这会让你们双方都感觉好一些，也会再次亲密起来。

当孩子的不良行为成为他成长和学习的契机时，原谅与宽恕则可以：

·让孩子坚信至少有一个成年人对他是有信心的，无论发生了什么；
·保护与巩固了孩子对自己的积极感受；
·重建孩子的信念，让他相信自己可以做得更好；
·教会孩子如何转换视角并且原谅自己。

要选对时机

当表达了对他人感受的认可和诚挚的关怀时，道歉是充满力量的。但最好避免在时机还未成熟的时候强行要求孩子道歉，因为这很可能导致不诚恳的道歉或者权力斗争。如果道歉是被强制的或被诱导的，那么道歉就不再是发自内心的道歉。如同弥补一样，道歉不仅会让受害者感觉更好一些，也让采取不良行为的孩子感觉更好一点。发自内心的道歉是重要的一步，不仅让人能够被原谅，更能从情感上体验到自己被原谅。

 **第四章** **立规矩的小技巧**

管教的目标远不止于制止和惩罚某种"坏"行为。

给孩子立规矩

在面对孩子的不良行为时，父母们一定会从一系列来源中考虑以何种方式进行管教：直觉或童年被管教的经历，其他父母或老师所使用的似乎有效的方法，或者从书本、杂志和网站上得到的建议。当你做出自己的选择时，既要忠于管教目标本身，又要记住孩子也会学习并模仿你的行为。

当你按照上一章所描述的五个步骤来逐步进行时，你同时是在寻找管教方法，以帮助孩子学会如何使自己停下来，如何控制自己的情绪，意识到做错的地方以及那对他人而言意味着什么，并且思考怎样可以避免再次犯同样的错误。当管教方法符合这些教育目标时，你所能达成的将远不止于制止和惩罚某种特定的"坏"行为。孩子会学着下次不再重蹈覆辙。但是不要期待这些目标都会在一夜之间达成，这是一个长期的任务，需要不断的重复和持久的耐心。

我们把最常见的管教方法分成了三大类：通常值得一试的、有时会有用的，以及完全没用的。

通常值得一试的方法

提醒

当孩子不想停止某种活动时，提醒可以帮助她设定界限。当你预告孩子变化很快会发生时，你是在帮助她为面对不得不停下手中事情时的失望感做好准备。"15分钟后，我们必须要收拾东西回家。你可能不喜欢这样，但很抱歉要让你离开你的朋友们，不过他们明天还会在这里的。今天我们很快就要结束了。"然后距离变化发生5分钟之际再提醒一下，然后就是坚定告知："现在时间到了，我会帮助你把自己收拾好的。"这些预告能让你的决心更坚定，也让孩子们更有心理准备。

在睡觉时间，没有孩子喜欢乖乖就范："再看一本书嘛！""我要喝杯水！""我要上厕所！"你可以清楚地表明自己最多提醒两次，然后就会熄灯。你也许可以说："这是你的第一本书，然后，再看一本，然后就关灯了。"在第一本书看完后，再次提醒一下："这是第二本书，记住，这是我们熄灯前最后一本书，所以你自己要准备好睡觉了。"如果你不够坚定，这会令孩子感到困惑，确定的预告和计划中的坚定收场都会令孩子感到安宁。

益处

—— 教会孩子为变化做好准备，示范如何规划要做的事情。

—— 教会孩子识别自己的情绪（例如挫败或兴奋），并且当她准备好面对变化时能控制这些情绪。

—— 对很多孩子而言，处理不断变化的现实和在不同场景的转换都是困难的，在没有大人帮助的前提下他们通常难以处理这些状况。

弊端

—— 如果预告不断被延迟，或者并没有如约执行，那么就会失效。

—— 当孩子沉浸于目前正在做的事情而无法停下时，或者当她不愿意主动去做下一件她抗拒的事情时，预告也有可能失效。

沉默

沉默可以成为一种有力的管教形式。孩子们习惯了被不断告知去做什么或者不许做什么。当这种预期被沉默所取代时，孩子很可能会意识到自己行为的严重性。她会渴望再次交流。在沉默之后，些许解释是有必要的，如果的确如此的话，可以简单扼要地表达："你知道我不能接受这样子的，对吗？"

益处

——可以出其不意和相对轻松地得到孩子的关注并停止其行为。

弊端

——孩子会觉得父母不爱自己了。

——如果这种方法使用得很频繁且事后未通过谈话去了解所发生的状况，可能会适得其反。

——如果沉默的原因不明，孩子会觉得自己所犯的错误如此"糟糕"，以至于没有任何办法可以弥补。

隔离冷静

隔离冷静包括让孩子回到她的房间、坐在一张特别的椅子上，或者待在角落里。

在很多情况下，孩子的不良行为只是因为她太兴奋或者疲劳了，以至于无法停下来去想一想她究竟在干什么。但这正是有效管教发生的前提，隔离冷静的目标是为了打断失控行为的节律。

无论是在她的房间还是其他地方，由于隔离冷静的出发点都是为了让她平静下来，很重要的一点是在这个过程中不要继续与她进行互动。因为和你之间的接触可能会让她再次变得不安，而这个时间节点所发生的谈判也必然会失败。你可以让她知道你就在附近，并且当她能使自己平静下来时你也准备好和她进行对话。她需要知道的是，尽管你让她一个人待着努力平静下来，但你并不是在抛弃她。如果看起来孩子还需要很长一段时间才能平静下来，你也许需要提供一些建议，诸如："你要不要一块冷毛巾敷敷脸？""也许听听你喜欢的音乐会有帮助的？"

隔离冷静有时候是管教的有效方式。孩子们会逐步预期到隔离冷静的发生，甚至意识到自己是需要它的。"妈妈，我在让自己隔离冷静。"坚定地使用它，不要对此开展争论或嘲讽，话语简洁。当它起效了，不要等待，直接走向孩子告诉她你是爱她的，但并不爱那些不良行为："当你失控的时候，我必须做些什么来让你停下来，直到你能让自己停下来。"

如果孩子拒绝在她的房间或其他地方进行隔离冷静，那也许是因为父母并没有坚定而果断地给出指令。有时候使用奖励或惩罚是有必要的，例如"当你隔离冷静完了，你可以再次出去玩"，或者"如果你不马上开始进行隔离冷静，我就必须把你的朋友送回家了"。一旦孩子能让自己恢复控制了，她就不需要再单独待更长的时间，除非还有另一项重要任务：例如准备好去道歉，或者反复思考她该如何做出弥补。但是，她也需要远离会触发她新一轮失控的情境。在这种情况下，孩子需要寻找到一种新的方式来处理这种状况，并且可能需要你的帮助。

孩子的房间，或者椅子，或者角落，都会变成她控制自己的标志。如果她在自己恢复自控前不断试图回到无序状态，那你也许可以考虑让她待在房间里时安一道隔离围栏，或者在门上加一道铰链锁。这时她既需要预告，也需要保证："既然你无法让自己待在这里直到恢复自控，我必须用一道围栏（或者铰链锁）来帮助你，直到你能够让自己安静下来。一旦你能恢复常态，我会让你出来的。"

一把锁或者一道围栏是最后的手段。大部分孩子永远不需要这些，而大部分的确需要这些的孩子也不会经常用到它们。一把锁或一道围栏的存在依旧能让孩子和父母保持沟通，而不会使他们彼此隔绝，但又坚定扮演着抑制冲动的角色。如果直接关上门可能会让孩子感觉自己被大人拒绝了，而用这样的方式则不会。

益处

——终止不良行为。

——让父母有机会使自己平静下来，并且教会孩子意识到她的失控情绪。

——让孩子有机会练习如何使自己恢复自控，她可以为自己的这项新成就感到骄傲。

——打破与他人负面互动的循环（包括父母和兄弟姐妹），而这一循环有可能是造成其不良行为的原因之一。

——让孩子有机会去思考自己的所作所为，并且就如何以不一样的方式行事做出新的计划。

——创造一个可以在未来发生类似事件时使用的程序，而所有人都可以信赖这种做法。

弊端

——孩子在被告知要隔离冷静或待在某个地方的时候可能会拒绝。

——在她的房间里，孩子可能会破坏或摔坏东西。如果这些东西都是孩子珍爱的物品，这可能意味着孩子在处理失控情绪时存在更严重的困难。

——父母们需要每次都做出决定，到底是用房间、椅子还是角落来对孩子进行隔离冷静。

当隔离冷静有惯常使用的场所时，这会让很多孩子（和父母）感到安心。但也要做好准备，当那个场所不能使用时要切换去别的地方。很多父母发现，隔离冷静并不意味着要把孩子放置于一个孤独冷清的地点。通常，仅仅是停止其行为并且让她安静地坐一会儿就已经足够了。我认识的一个幼教老师曾告诉我："我不相信什么隔离冷静法。孩子不需要被带去另一个地方，或者独自待着。当他们有不良行为时，我只是告诉他们要去沙发上坐一会儿，然后他们必须停下来思考一下自己的所作所为。但他们在那里是舒适的，他们可以在那里放松地看着其他孩子们。这是最好的学习方式，看起来也足够了。然后我会走上前去给他们一个拥抱，我们会聊一聊他们做错了什么，以及如何可以在下一次做得更好。"几周后，他告诉我由于消防原因那个沙发不得不被搬走了，因为它的材质是可燃的。当沙发消失时，孩子们都非常悲伤！

但是在一些情况下，某种形式的限制隔离对于停止孩子的行为并让她平静下来是有必要的。有些孩子，例如那些高度敏感或多动的孩子，可能在让自己平静下来之前真的很需要远离那些行为。同时，在集体环境下，当孩子被强制要求坐在角落或显眼的椅子里，她也有可能感觉羞耻，这种感觉并不是管教所追寻的目的，也是没有必要的。

用正确的方式把事情重做一遍

这种方式的奇妙之处在于，能够让孩子重拾自控感，并且感觉那是有效果的。可以看看她是否需要你的帮助来这么做，但不要强求她。同时你是在让她有机会体验成功，并且让她有信心觉得自己能成功。

益处

——聚焦于成功，而不是失败。

——让孩子拥有希望。

——鼓励孩子做出弥补，并且被原谅。

——可以在很多场景下适用（孩子的各种言行举止）。

——孩子也包括一些大人需要第二次机会才能把一些事情做对。

弊端

——有时候孩子可能无法或者没有准备好去做对一些事情。当太过强调再试一次的时候会让孩子感觉更加糟糕。在这种情况下，可以试着把大任务分解成更小的任务（例如把打扫孩子自己的房间，分割细化到让她把脏衣服放进洗衣机），让孩子去再次尝试那些她有机会做对的事情。

弥补

让孩子做出弥补的方法有很多种：道歉、补偿、用正确的方式把事情重做一遍。当孩子能够去修复她所造成的伤害时，这么做能令她清晰体验到损害的程度有多大，以及为了修复它所需要付出的努力有多少。当孩子拿了别人的玩具或者偷了一块糖，确保她物归原主是处理这类"偷窃"现象的重要方式。"这当然会令你感到尴尬，但之后你会感觉好一些的。"如果有必要的话，你可以通过陪伴来帮助她，但她依旧是把东西还回去的那个人，并且需要对此表示道歉。如果那样东西已经被吃掉了，让孩子用自己的零花钱进行赔偿，并且通过做家务来挣到这些零花钱。

这种方法可帮助孩子意识到她的行为对他人所造成的影响。她必须要面对自己的内疚，了解她的行为对"受害者"所产生的影响，并且通过道歉稀释行为给自己所带来的冲击。父母可以主动提出自己愿意帮助孩子去经历道歉的过程，但她自己必须是去道歉的那个人，最好是一对一进行。类似经历会让孩子意识到语言的威力，以及与他人进行细致沟通的重要性。

益处

——帮助孩子意识到其行为所造成的后果。

——帮助孩子了解"多行不义必自毙"。

——可以教会孩子解决问题的技能。

——让孩子识别内疚感并且自我拯救。

弊端

——如果行为造成的损害被过于夸大，或者弥补是不可能实现的，那么孩子可能就会被内疚感所吞没。把偷拿的东西还回商店或者还给朋友家对孩子和父母而言都可能是尴尬的体验，但眼前体验这种尴尬总好过等孩子年纪更大的时候再去经历。

原谅

原谅是任何道歉或弥补的终极目标。为了让孩子为自己的行为进行补偿，她需要知道自己是会被原谅的，以及被原谅是一种怎样的体验。有时候孩子会钻牛角尖，不断让事态升级，并且说："我不在乎。"通常他们已经开始相信自己真的很"坏"了。需要提醒这些孩子的是，他们是可以被原谅的。以后，他们需要学会如何原谅自己。

益处

——给孩子以希望，并且在改善其行为方面给予对她来说最重要的激励方式之一。

弊端

——如果父母将自己原谅孩子的权力作为武器来使用，孩子就无法判断自己的行为，这与管教的长期目标是背道而驰的。

规划

很多不良行为的发生是可预测的，可以预见很多情境会导致麻烦。那么，为何不事先谈论一下这些情境，并且共同商定出一些其他做法呢？"我知道对你而言坐那么长时间的车是困难的，我们能提供些什么让你感觉有事可做呢？""当我们去收银台的时候，我知道你可能会很想要那些糖果，并且你也知道我是不会答应的。那么有什么方法能让你走过那些收银台时不再向我们乞求呢？我们也许可以拿一些健康的零食，或者你可以在走过那些区域时把眼睛紧紧闭着——我会握住你的手的。你怎么想呢？"

你也可以帮助孩子学习如何注意到她自己的情绪变化。

孩子可以不断监控自己的"闯祸指数",以及怎样的情境会更容易引发她的不良行为。当她感觉自己的"闯祸指数"迅速上扬时可以试着先来告诉你,并且看看你能怎样帮到她。

但还是要有面对那些意料之外状况的心理准备,不用对此感觉气馁。

益处

——教会孩子规划,并且学会解决问题。

——孩子和家长会成为一个团队,共同尝试去面对意料之中的状况。

弊端

——孩子可能会感觉到周围人认为她一定会闯祸,除非这一规划过程是积极的。

——如果孩子和父母对于规划抱有太高的期望,有可能会失望。

幽默

幽默是一种令人愉悦的方式，也可以用来停止孩子的行动，帮助她掌控自己的情绪，并且改变它们。在一个令所有人感到困扰的情境下寻找到有趣的部分，这种方式能够很好地引入新的视角并且找到解决方案。但是要小心，如果失控的孩子感觉你的幽默是在取笑她，那么就不要用这一招。

幽默与讽刺挖苦是不同的，而后者并不会对孩子有任何帮助。

益处

——教会孩子受益终身的技能。
——避免问题聚沙成塔。

弊端

——有可能会被误解并且让他人感到羞辱。
——如果孩子认为自己是笑柄的话，这种方式只会雪上加霜。

有时会有用的方法

这些策略的有效性基于孩子本身及当下的情境。

拿走玩具

玩耍是孩子的工作，玩具是孩子的工具。拿走孩子的玩具当然会吸引她的注意力，并且使其感到不安。如果父母想要作为公平公正的好榜样得到孩子的尊重，就必须让孩子知道把玩具拿走的原因。一些拿走玩具的充分理由包括：玩具使用不当，砸坏玩具，用玩具伤害别人，拒绝分享或轮流玩耍，拒绝在玩耍后把玩具归位。所有这些不良行为都与孩子使用玩具直接相关，并且可以帮助她看到其中的关联："如果你不断用玩具卡车砸弟弟，我就必须要把它拿走了。""如果你把玩具弄得满地都是，我就必须把它们都放到我的柜子里，当你从我这里拿走一个玩具时，必须把它好好还回来才能拿走下一个。"

当你把孩子的玩具拿走时：

·确保你的理由是充分的，并且孩子可以理解那个理由。

·明确表示玩具会被拿走多久，并且孩子可以做些什么来拿回玩具（例如为用玩具打人道歉、把其他玩具收好等）。

·拿走玩具的时间不要过长：若要孩子面对错误，就需要让她心怀希望。对小孩子而言，一整个下午或一整天的时间都已经足够久了。如果你把玩具收走的时间太长，她会忘了玩具在你这里，而当下一次再有人拿走玩具时，威慑力可能就没那么大了。

益处

——停止孩子不合适的行为，特别是当那些行为与玩具有关的时候。

——让父母有机会教育孩子。

——能够让孩子心怀希望，进行道歉或弥补，并且能够最终被原谅。

弊端

——如果拿走玩具的原因在孩子看来并不明确，那么他们可能认为父母是不公平的、非理性的或蛮横无理的。

——即使在公平的前提下使用这种方法，孩子一开始的反应也可能是愤怒的，甚至会出现大发雷霆的状况。记住父母此时不要让步。

不要拿走孩子恋恋不舍的玩具（比如一个泰迪熊），这有点太小题大做了，孩子势必会感觉这远远超过了她应承受的范围。这种失去对她而言非常可怕，以至于会无法思考其他事情，更不用说她的那些不良行为或造成的相应后果了。相反，让她保留这些给她带来舒适感的心爱物件，这样她可以用这些东西来安抚自己，并同时和你讨论她的不良行为以及该如何改善那些行为。如果她可以抱着自己的泰迪熊，她就更有可能去处理那些强烈的情绪，如内疚和羞愧；不然的话，这些情绪会让她难以面对那些她必须要面对的部分。

取消聚会或推迟活动

取消玩耍聚会和推迟开心的活动是管教的有效形式，因为它们能让孩子直面自己的行为所带来的后果。父母可以解释说："如果你不听我讲话，我是不能让你朋友过来玩的。我需要确定你和你的朋友在这里玩的时候依旧能够听见我讲话。今天下午你只能自己玩，然后我们看看你是否能够更好地听我讲话。""我们在你大发雷霆之后是不能去游乐场的，去那样的地方你需要自控。"当使用这些方法时，其背后的原因也需要告知孩子。"你今天如此焦躁不安，因此我们最好推迟你的玩耍聚会，直到你能够和朋友在一起好好玩为止。当你再次发出邀请的时候，朋友会想要你去她家玩的。但你和她玩的时候也需要控制住自己。当你准备好的时候，我们再给她打电话。"

确保孩子知道惩罚和她的不良行为之间是有关联的。孩子也需要知道何时惩罚会结束，以及她可以做些什么来挣回和另一个孩子玩耍的机会。不然的话，孩子可能会感到绝望，并且不会想要尝试去改善她的行为。

益处

——帮助孩子理解她的失控行为会干扰到一些需要自控的情境，例如玩耍聚会。
—— 在好好解释的前提下，让孩子有理由去改善她的行为。

弊端

——如果是为了不相关的不良行为而取消玩耍聚会或有趣

的活动，那是不管用的。如果惩罚站不住脚，孩子就会质疑父母的权威并且寻求秘密方式来得到她想要的东西。和朋友的玩耍聚会以及和父母之间的活动对孩子而言是重要的，并不适合经常被剥夺。

——取消计划可能不仅会让孩子感受到惩罚，也会令她的玩伴及其他家庭成员感到困扰，这可能会使孩子更愤怒。

——如果取消的是一个为时尚远的玩耍聚会，那么这种做法也可能是无效的。大部分管教方法需要第一时间实施某种后果，并要让孩子立马体验到这种后果。

——有时候，在孩子的不良行为和被取消的活动之间建立合理联系是困难的。

不许看电视或玩游戏

父母可能并不鼓励一些令孩子感觉享受的活动，例如看电视和玩电子游戏。但如果把取消这些活动作为惩罚，对孩子而言看电视或玩电子游戏可能会使其感觉更刺激。这些活动当然是需要限制的（一天看电视的时间不能超过1个小时），只有当孩子的不良行为与看电视或玩电子游戏有关时，它们才可以被合理地取消。"如果当节目结束时你不能把电视关上，那么明天一天都不会开电视机的。"你一定要严格执行这样的后果，尤其当它们看起来距离当下还有一段时间时。父母可以提醒孩子："你还记得昨天时间到了的时候关电视对你而言有多么困难吗？我必须告诉你今天没有电视可以看。明天看电视的时候，试着记住节目一结束你就需要把电视机关了，没有讨价还价。"

益处

——可以阻止孩子的不良行为，并且也可能预防一些不良行为的发生。

——孩子可以了解自己的行为所带来的后果。

——孩子会珍惜来之不易的娱乐时间，他们会意识到这些都是需要自己挣来的特权，而不是理所当然就能拥有的。

弊端

——可能会让看电视与玩电子游戏看起来更吸引人。

——当限制看电视和玩电子游戏作为惩罚手段被使用时，也可能会与家庭本身对电视或电子游戏的使用标准相混淆。

无视轻微的不良行为

在还有一些更重要的问题需要解决时，无视一些轻微的不良行为是重要的。当孩子不断因为一件又一件的事情被批评时，他听不进去任何话。当需要聚焦于一些更重要的事情时，无视一些不良行为可能是有必要的。但是，如果不良行为本身是严重的，或者孩子已经就这些行为接受了警告或惩罚，那么无视它们本身就可能是错误的。

益处

——允许父母选择管教的重要方面。

——只有当管教方法没有被滥用时，孩子才更可能会在乎。

——如果一些小小的令人恼怒的不良行为是为了吸引父母的注意力，那么无视它们可以削弱其存在感。

弊端

——孩子可能会困惑于为什么自己的一些不良行为没有人指出。

父母离开事发地

有时候，父母在场似乎会让情况变得更加糟糕，比如当孩子对于规则本身非常愤怒，并且因为父母强制自己遵守那些规则而责备他们时。在这种情况下，当父母在场时，她会更加生气。如果孩子在这个时刻可以安全地独自待一会儿，那么父母离开一会儿也许有助于孩子聚焦在规则上，或者聚焦于自己应该怎么做，而不是反复纠结于是父母让她遵守这一切的。"你知道现在必须要打扫你自己的房间，我知道对此你并不高兴，但这件事情是需要完成的，并且我知道你能做到。我过一会儿来看看你做得怎么样了。"这让孩子有机会使自己平静下来，并且想一想她究竟哪里做错了，或者她可以做些什么来改善眼前的状况。这样你们所进行的下一场对话很可能会更富有建设性。因此，避免那些失去核心议题的斗争通常是管用的。

每当父母离开当前场景的时候，很基本的一点是要让孩子理解她并不是被拒绝或者被抛弃了。因为在那样的情感压力下，她是不可能进行学习的。让她知道你不悦纳的是她的行为，而不是她这个人，和她分享你相信她在未来会更好地控制自己的希望。

益处

——停止纷争。

——把平静下来和解决问题的任务交回给孩子，这个过程可以用让孩子感到被尊重的方式去进行。

弊端

——这种方法可能会让孩子感觉被父母抛弃了。

——如果孩子需要父母的帮助才能平静下来，那这样的方法就不管用。

——如果不确定孩子是否有能力独立实现一个目标，那么把她单独留在那里是不管用的。

额外的家务

对年龄较大的孩子而言，这种方法可能是管用的。但额外的家务必须与孩子的不良行为有直接的关联性。例如，如果一个孩子的年纪已经足以知道某样物品的价值但还是故意损坏它，那么父母就可能要求她做些额外的家务来进行弥补。

益处

——让孩子有机会做出弥补并且得到原谅，这样她应该不会忘记从中吸取的教训。

——当做完家务时，父母就有了原谅和赞扬孩子的机会。

弊端

——如果把额外的家务作为对于不相关闯祸行为的惩罚，那么这必然是一个错误。一旦做家务成了针对"坏"行为的惩罚，那么孩子们就不会对做家务感觉良好。很可能出现的结果是，孩子们会变本加厉地抗议做家务。

——当一个叛逆的孩子故意乱做家务或者无视家务时，把额外家务作为一种惩罚会火上浇油。在这种情况下，管教的目标会迷失在（极有可能被引发的）"权力斗争"中。

停发零花钱

如果零花钱对于孩子而言是有意义的，那么停发一部分零花钱能让她记住不良行为的严重程度。但如果孩子的确需要管教，例如其言行粗鲁不敬或伤害其他孩子的感受，那么停发零花钱会传递令人困惑的信息。并不是所有的错误或不良行为都可以被钱所修正。

但有时候，停发零花钱的确是有意义的，例如，当孩子故意弄坏一样东西需要做出赔偿时，或者因为没有收纳好一些东西导致其丢失了。当孩子无法完成自己的日常家务时，零花钱也可以被暂停一下。在任何情况下，都应确保经济上的偿还与孩子的年龄和所作所为是匹配的。

益处

——帮助孩子感受其行为造成的影响。
——给孩子一个机会去弥补其所作所为。

弊端

——这种做法并不能让行为停止，因为这个后果出现在事件之后而不是当下，尽管它可能会有助于避免未来类似问题的发生。
——对于没有零花钱的孩子而言这种方法是无效的。

——当孩子因为无法完成家务而被如此惩罚时，她可能会感觉自己是个"童工"，而不是把做家务看成是全家人体验归属感的一种方式。

完全没用的方法

打孩子

如今，我们需要尽最大可能避免对孩子进行体罚。当我还小的时候，经常因为"活该"而被揍，但我并不记得从中学到过任何东西，除了如何躲开父母的体罚。打孩子是一种不尊重孩子的表现，只因为你比她强大（但这点并不会一直如此），并且让她知道暴力能解决问题。体罚绝不是我们帮助孩子学会自控的方式。

我会避免把武力作为一种控制孩子的方法，管教的目标是教会孩子如何控制自己，而武力并不能达成这样的目标。如今，我们已经再也没法用一些口口相传的"名言"来指导我们养育孩子了，例如"慈母多败儿""棍棒底下出孝子"等。如今，我们更意识到"无教养，不成器"，这对每个父母而言都是一个充满挑战而又基本的目标。

益处

——可能会让不合适的行为暂时停止，并且当父母在场的情况下那样的行为不会再发生。

弊端

——向孩子传递了错误的信息：打人、身体上的伤害、用武力对待更加弱小的人，这些都是可以的。

——并不会让孩子从中吸取教训。孩子很有可能会关注自己的疼痛和愤怒，而不是从自己做错的事情当中吸取教训。

——可能会让父母失去作为一个老师和榜样的权威性（亦可参见第二章中的"体罚"）。

羞辱

永远不要去羞辱一个孩子。让孩子自己意识到行为失当并对此感到内疚是更重要的。当父母用羞辱来控制孩子的行为时，她很可能会感到愤怒、绝望和无助。相应地，孩子可能会否认自己的所作所为或为之辩护，而不是承认她所做的事情是错的。

益处

——可能会暂时让行为停止。

弊端

——并不能起到教育作用。

——可能会损害孩子的自尊心。

——可能会破坏亲子关系。

与别的孩子做比较

如果在孩子和兄弟姐妹或其他好友之间做负面比较，这势必会破坏他们的关系。孩子当然会模仿那些令她仰望的人，但如果周围的人都认为她不如那个人，那么这种试图向对方学习的过程一定会失败。

益处

——孩子可能会向自己崇拜的好朋友学习，特别是当父母没有在他们之间做出厚此薄彼的比较时。

弊端

——干扰孩子们之间的关系。

——损害孩子的自尊心。

——会让孩子感到无望，也不会让孩子取得任何进步。

——内心受伤的孩子可能会再也不在乎这些，并且表现得更加糟糕。

把食物作为惩罚或奖励

有时父母可能会想要通过甜品或孩子最喜欢的食物作为惩

罚或者奖励。但由于父母从孩子一出生就无条件地喂养她，食物早已成为一种标志，代表着"父母的爱"。惩罚不能收回对孩子的爱，也不应剥夺孩子的食物；而奖励也无需通过额外的爱或食物来表达。无论在何种情况下，我们都希望所有的孩子感觉自己拥有父母满满的爱。

进餐时间对父母和孩子而言都是特别的时刻，他们可以待在一起，放松，并且享受和彼此在一起的时光。如果在用餐时间发生战争，那么最好不要用有关食物的惩罚或奖赏来息事宁人。要尽可能使食物或进餐远离消极联想，这样孩子就能继续享受这一珍贵的时光。

在与食物有关的战争中，毫无疑问孩子是会胜出的，父母们最好可以接受这一点。健康的饮食习惯建立在对于食物和进餐的积极联想上。有时候父母会用食物来控制孩子的行为："如果你吃了这个，你就能吃甜品。"这样的话，进食就成了一个讨价还价的过程。孩子会感觉被控制，而不是将进食时间看作与家庭成员沟通的美好时光。如果她个性刚硬，也许就会等到再也没有进食压力的时候再找东西吃，通常是一些垃圾食品。

甜品不应作为奖励，而是大家共享食物中的一部分。

益处

——可能会在短时间内对眼前的行为产生预期中的效果。

弊端

——这并不是父母和孩子之间发生战争的安全场合。

—— 当食物成为惩罚或奖励，健康的饮食习惯就会被干扰。

——扣押甜品或糖果只会让它们看起来更诱人。

提前上床时间或额外的午睡

小憩和睡眠都需要孩子与父母及周围的人暂时分开一段时间，这些对于孩子而言已经极具挑战性，因此阻抗是很有可能出现的。把午睡或者夜间睡眠变成一种惩罚只会让它们看起来更不具有吸引力，并且让孩子更加抗拒睡觉。午睡和夜间睡眠都需要积极联想，而不是消极联想。

即使"你给我早点去睡觉"只是父母用来吓吓孩子而不是

真的强制他们去那样做时，惩罚与睡眠之间的消极联想也已经建立起来了。睡眠时间是与温馨的沟通、阅读、吟唱、依偎、安全感以及被爱的感觉联系在一起的。当上床睡觉成为一种惩罚时，这些体验都会变得岌岌可危。

如果孩子因为过度疲劳而不断出现不良行为，那么早点上床睡觉就变得有意义了——此刻再也不是一种惩罚，更多的是一种帮助。

益处

——可能会暂时让孩子停止不良行为。

弊端

——会让孩子在入睡时进行更加激烈的反抗。
——很难强制执行。

收回爱意和威胁遗弃

这些是一个孩子所能承受的最具破坏性和令人恐惧的惩

167

罚。它们对于孩子的长期影响是严重的，并且会导致恐惧、不安和低自尊。

益处

——可能会使孩子暂时停止不良行为。

弊端

——并不能教会孩子什么。

——可能会伤害亲子关系。

——当孩子无法感受到爱的时候，她也会变得无法去爱别人。

——在爱缺失的情况下，愤怒与恨意会控制住孩子，导致一系列更加严重的行为问题。

就如我们先前所说的那样，孩子需要知道她和父母的关系总是能经受住那些"坏"行为的。对于这种关系的任何威胁都会导致孩子无法从中吸取教训，并且她会故意做出不良行为，试图去试探她的行为是否会让父母远离。

用肥皂洗嘴巴

这是另一种无效的方法。每当我说了粗话脏话时，大人就会用肥皂清洗我的嘴巴，那有一股糟糕的气味，但更糟糕的是，这个过程极具侵略性。我知道这么做并不会净化我的说话方式，我也知道这是妈妈失控的时候，后来我只是在朋友和兄弟面前说粗话脏话，悄悄的。我其实并没有学到什么，除了知道要避免让我妈妈听见我的诅咒。

益处

——没有任何益处。当你拿来肥皂的时候，不良行为早就结束了。

弊端

——这是一种高压措施，会导致孩子的抗拒而不是修正行为的意愿。

——不卫生，并且向孩子传递了混乱的信息，他们会搞不清楚肥皂究竟能不能放在嘴里。

　　——父母喂养孩子的日常角色被扰乱了，这对孩子造成的困扰可能比父母所预期的要大。

第五章 孩子出现恼人行为怎么立规矩

管教孩子的过程，也是孩子学习的过程。

给孩子立规矩

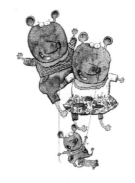

不断寻求关注

没有人喜欢总在寻求关注的孩子。但毫无疑问的是，每个孩子都需要得到关注。当孩子寻求关注的行为变得具有破坏性并且愈演愈烈，以至于让所有人都反感时，父母应该怎么做呢？

首先，确保给予他规律的、可靠的、不被打扰的、专属于你和他之间的亲密时间——当你结束一天的工作回到家时，留10分钟和他依偎拥抱，每天晚上睡前讲个故事，周日早上一起做华夫饼等。不要把这些作为他找麻烦之后才能获得的体验，而是要让他在开始寻求你的关注之前就已自动拥有这些。当他寻求关注但无法立马得到时，提醒他那些亲密时光是会在某个确定的时间点到来的，你可以通过这种方式帮助孩子学习延迟满足，而这是需要耐心才能获得的人生财富。

当破坏性的寻求关注过程开始时，重要的是不要去强化它。父母可以放低声音，用中性的语调清楚地告诉孩子这样的行为不会得到回馈："如果你需要从我这里得到什么，这并不是你用来请求的方式，你知道应该怎样做的。"当孩子的行为愈演愈烈时，类似的平静而清晰的回应依旧是有帮助的："你需要明白的是，无论你再要求多少次，我此时此刻没有办法帮到你。"同时，指引孩子去进行另外的活动或提供其他方案也是重要的："我此刻必须要把手头的事情做完，差不多15分钟就能做完了，然后我会过来帮助你的。此时此刻，你去玩积木或涂色的话都会比在这里等着我结束要有趣得多。"

通常，当一个孩子不断寻求关注时，他是难以独处的。父母的工作并不是提供持续的陪伴和娱乐，而是要帮助孩子学会自娱自乐（看电视和玩电子游戏都是很诱人的选择，但它们并没有给孩子的自主性留有很大余地）。也许你一开始可以帮助他意识到他自己正感觉孤单或无聊，或者他只是不知道自己该做些什么。他需要学会处理这样的感受，你可以在他引起你的关注时教会他怎么做。在你建议他做些什么之前，先让他自己想想有哪些事情会让他感觉好一些，比如有没有一些他自己此刻想做的事情。最终他会学会问自己那些问题，并且找到他自己的答案。

苦苦哀求和发牢骚

当一个孩子反复发牢骚的时候，那说明他发现这是一种有效的沟通方式。每当父母用"好的"或者"不行"来回应孩子发牢骚时的诉求，而不是简单回应"不要发牢骚"，孩子就会觉得发牢骚是有效的。当孩子发牢骚或者叽叽歪歪的时候，父母需要回应的并不是孩子所说的内容，而是他说话的方式。当孩子发牢骚说："还要再滑一次滑滑梯嘛！"父母可以坚定地告知："发牢骚不会让你达成这些目的的。""当你发牢骚的时候我没法听见你想要表达的意思。""我甚至无法思考你所请求的东西，除非你可以不通过发牢骚的方式来提出要求。"能够坚持这些回应当然是重要的。如果孩子马上改变了他说话的语气与方式，那么他的请求就应当被准许，如果这个请求本身是合理的。但是如果请求本身不合理而无法被满足，那么父母依旧可以表扬孩子改变了他的表达方式，向他指出他的话是如何被听见的，然后解释为什么他的要求不能被满足。

有时候，还有一些其他原因会导致孩子发牢骚。当孩子在发展过程中遇到了新挑战所带来的压力，他们也有可能会叽叽歪歪或发牢骚。因此，当孩子面对其他类型的压力时亦有可能如此，例如搬家、转学或父母关系不和等。即使如此，孩子还是需要父母帮助他们看见发牢骚对他人所造成的影响。"当你那样发牢骚的时候，没有人会想要听你在说什么。"当父母坚定不妥协的时候，那就是在帮助孩子意识到发牢骚并不会让他们得到自己想要的东西。而父母也可以建议或者示范一些更容易被他人认真对待的表达方式。父母可以在不回应牢骚的前提下依旧对孩子所感受到的压力做出反应。

苦苦哀求也是类似的方式，当孩子知道哀求有用时，他一定会再次那么做。当父母有所动摇，孩子会感觉到自己是有机会的——如果不是这一次，就是下一次。当孩子的诉求让父母之间互相对立（"他多吃一块不会有问题的，你为什么要那么死板？"），这时哀求本身所带来的满足感就更大了！

当回答是"不"，必须足够清晰，并且一以贯之。有时候，父母会希望在某些场合给孩子买些特别的小礼物，而另一些场合则并没有。这样的话，孩子很容易会觉得有时候哀求的确是有用的。如果父母可以保持自制地表达："如果你在商店里苦苦哀求得到某样东西，你是不会被允许得到它的。如果你可以有礼貌地询问，那么我会考虑一下你是否可以拥有它们。但一旦我说了不可以，那就到此为止。并且我希望你可以接受那样的结果。"如果孩子对此表示抗议，父母可以接着说："我们都很遗憾你为此大喊大闹，不管怎么说，今天是不会买糖的。"当孩子知道父母能够应对他所施加的压力，并且也有相应的规则时，心里会感到轻松。

当孩子被玩具和糖果完全吸引时，他们会不断哀求，因为难以想象自己如何忍受无法拥有它们的失望。这个时候，清晰而坚定的"不"是最基本的。但当孩子依旧无法处理排山倒海似的感受时，例如愤怒、挫败和失望，父母也许需要做得更多。

有时候，一种也许有帮助的做法是提前告知孩子他会需要在听到坏消息时管住自己："要知道，有时候当得不到你想要的东西时，你会非常不安，因此你可能需要事先做好心理准备。"然后，同情他的感受会帮助他意识到你依旧是站在他这一边的，即使你此刻无法给到他想要的东西："我可以看到你如果没得到那样东西的话会有多失望。"然后给他一个关于你为何拒绝的理由："但你要知道，我们不能每次来商店都买一个新玩具，因此我们这次就不买这一个了。"当他开始乞求和找借口，你可以说："不管你说什么，要知道我们此刻是不会买那个玩具的。但我也不想看到你如此痛苦，并且我想帮助你感觉更好一些，但并不是以买下那个玩具的方式。想想我们还能做些什么来找乐子吧。"

咬人、打人、踢人和抓人

在第二年的早些时候，宝宝开始咬人。我们认识的一个儿科医生曾说："对学步儿而言，亲吻与咬人离得并不是太远。"当他咬了父母，他很可能会害怕到自己也大哭起来。

两个2岁孩子为了抢玩具而打架，他们推搡、牵拉和钳制彼此的手指以抢到玩具。最后，在大家还没反应过来的时候，一个孩子压在另一个孩子身上，用他的双手抓住了对方的手臂。一眨眼的工夫，他的牙齿已经嵌入了对方孩子的肌肉里。双方孩子都发出惨叫并号啕大哭起来。

当一个孩子咬了另一个孩子，周围所有人都会变得疯狂起来。"他是会咬人的！我不能让我的孩子和他玩。"咬人、打人、踢人和抓人通常是由于孩子太兴奋或太疲劳而产生的反应。当孩子接近一个临界值时，他就会咬人、踢人或抓人。每个人都会对此大惊失色。当孩子重复这样的行为时，并不是由于愤怒或者攻击，而是由于周围环境所施加的压力。这些行为一开始出现时都是正常的，但周围的成年人会夸大行为的意义并造成更多麻烦："这个2岁孩子攻击性特别强，离他远一点。"当父母和老师的反应太过激烈，孩子也会很快学会把咬人作为一种快速有效获取关注的方式，甚至将之作为武器来使用。当他没有办法做出令人悦纳的行为时，他可能会再次咬人。很快，他会被贴上标签并且被孤立，这使得咬人及其他攻击性行为更有可能发生。但如果成年人可以更平静地做出反应，咬人行为就失去了它的价值，并且很有可能会消失。

当学步儿咬父母的时候，父母们经常会问："我应该咬回去吗？"我们的回答是：当然不要，你并不想和她处在同一个发展水平上，对吗？你可以平静地把孩子放下，然后走开，告诉她："我不喜欢这样。"但不要小题大做。当孩子咬了另一个孩子，被咬的孩子当然是需要保护和安慰的，但是作为攻击方的孩子也同样需要——他需要有人保护他远离冲动，并且有足够的安全感去面对自己所要承担的责任。当孩子伤害他人时，他必须要面对自己的所作所为，但那些让他充满愧疚的惩罚只会令他感到不知所措。在那种情况下，他会否认自己的所作所为，而不是从中吸取教训。你可以清楚地表明界限，同时让孩子有机会去自己补救并且得到原谅。他也可以从中吸取教训："你把朋友弄哭了，这当然会令你感到很糟糕，你那么想要那个玩具，但现在你也知道为了得到自己想要的东西而伤害了朋友是多么糟糕的感觉。让我抱抱你，然后我们可以一起去找他，这样你可以对他说声对不起。"

在2岁的时候，孩子需要学会去理解和在乎他人，尽管这是一生都需要学习的功课。当他伤害别人时，他也会感到害怕。他会感激成年人设立的界限，可以帮助他不去伤害别人与自己，直到他学会了如何让自己停下来。在这个阶段，若要让孩子独自承担这些责任实在是太沉重了。

我曾经在自己的儿科诊所里保留学步儿名单，这样父母们可以约彼此一起玩。不过我会把名单分成如下几类：咬人的、打人的、抓人的和踢人的，这样父母就会给自己的学步儿寻找到合适的小伙伴。当一个孩子咬了小伙伴时，另一个咬人的孩子会咬回来。他们每个人都会哀号起来并且盯着对方，仿佛在说："这很疼！你为什么要这么做？"然后他们就再也不会咬彼此了。

　　除非咬人、踢人或其他类似行为一直持续到三四岁，否则很少需要对此太过认真地对待。如果这种行为一直持续下去，就得关注孩子这些充满攻击性的、令人不安的行为背后的理由。如果年龄较大的孩子经常退回到这样的行为模式中，你需要探究其潜在原因，也需要观察其症状表现，并且可以从你的儿科医生、儿童心理学家或儿童精神科医生那里得到帮助。这些令人困扰的行为可能会有很多原因，例如语言或社交技能发展迟缓所带来的沮丧感，或者遭受过暴力。

霸凌

　　霸凌者通常是内心缺乏安全感的孩子，在霸凌一个更加弱小的孩子时，这会使霸凌者本人感到更安全。霸凌者最有可能选择的对象是明显比较脆弱的及被霸凌时会流露出痛苦的孩子。这些特质都是在火上浇油。当霸凌者变得更加兴奋，嘲弄有可能会升级为推搡或击打。双方孩子都会对此感到恐惧。

　　对于霸凌，就如同处理孩子们之间其他类型的攻击行为一样，双方都需要安抚。被霸凌的孩子需要得到保护，并且鼓励他去捍卫自己。也许他可以这样说："当你这么欺负我的时候说的话特别奇怪，你知道自己到底在做什么说什么吗？"当受害者不再只是像个受害者，并且可以开始维护自己时，很少会有霸凌者敢继续欺负他。如果孩子是曾经被霸凌的受害者，那么出于自我防卫目的学习武术可能会让他感觉好一些。如果他知道自己有能力反击，他也许再也不需要真的使用这些新技能。他看上去会更加自信，成为霸凌者猎物的可能性也会降低。

霸凌者能嗅到孩子身上脆弱的味道。一个弱小的孩子之所以"威胁"到了他们，是因为这会让他们记起自己身上那些弱小的部分，而这就是为什么霸凌者会更需要得到你的帮助。他的自信是脆弱的，他的自尊会被报复所粉碎，可以把他抱起来并且轻轻摇着他，对他说："没有人喜欢被欺负，我知道你想要交朋友，并且你想要他们和你一样，但如果你这么做的话他们是不会和你成为朋友的。我们试着来找一个和你相似的朋友，那样他也会反过来戏弄你。你们会在玩耍中学会如何在不欺负对方的前提下交朋友，你会为自己感到骄傲的。"留心观察那些霸凌者孩子呈现出安全感的时刻，并且实时指出。另外，还要尽力去理解为什么他如此没有安全感。他是否因为无法发展出特定技能而感到尴尬？周围是不是没有令他崇拜、认同与敬仰的大人？也有可能是他还没有学会如何与他人建立友谊。也许他与同龄人互动的能力、谈判与做出妥协的能力，以及控制脾气的能力都还非常局限，以至于他无法把握住和朋友之间的交往。也许他一直体验着各种各样的威胁，而现在则试图告诉自己他已经坚不可摧了。当孩子在这些方面存在问题时，通常都可以在成年人的理解与帮助下克服它们。

作弊

孩子迟早会尝试作弊，也许是在玩一些对他来说还有点难的游戏时，这意味着他可能需要在游戏中体验更多"赢"的机会。当孩子作弊时，他也有可能并不完全了解规则，或者是他无法控制住自己想要赢的冲动，会不惜一切代价去达成目的。

通常，作弊的孩子仿佛是在说："我无法忍受和输有关的想法。"当孩子把自己所有的自尊都投注进一场比赛时，失败会让他绝望，并且无法承受输掉比赛的结局。他对于自我价值的信念是脆弱的，而比赛似乎是去加强这种信念的高风险方式。当孩子成熟到能够意识到他的局限性时，他会意识到自己其实有多么幼小，他有多么依赖父母，这种状态下他的自尊可能会变得愈加脆弱。当他因为作弊而被管教时，很有可能会雪上加霜开始撒谎："我没有拿两张卡！"

在自尊受到保护的前提下，父母的管教可以帮助他去面对作弊行为，也可以帮助他学会如何控制冲动："我知道你非常想要赢得这场比赛，并且你玩得那么好！但你和我都知道那是作弊，我可以理解你为何作弊，但我无法接受那样的行为。作弊并不会让你我感觉更好，要知道，当你一定要作弊时，即使赢得比赛也不会让你真正感到骄傲。"

即使他还没有准备好停止作弊，那么重要的一点是确定他理解在没有作弊的前提下赢得比赛是更令人满足的事情。为了帮助他意识到这一点，你要确保和他玩了足够多的他能"赢"的游戏。当他把你打败时，用你的行为向他示范如何成为一个"体面的输家"。

大部分在五六岁作弊的孩子最终是会停止这些行为的。当孩子长大，他们能够更轻松地等待不作弊的胜利所带来的真正愉悦感。当他们的技能变得更成熟，他们就会开始享受比赛本身，并且更有可能在输了比赛时不再觉得自己很糟糕。

挑衅

当孩子充满挑衅，他就是咄咄逼人的。他的做法不外乎就是："不，我不会的。""你来逼我呀。""有本事你来呀。"这些都是孩子挑衅父母时经常会说的话。

孩子们经常需要挑衅父母——即使他们知道自己的挑衅是错误的。有时候，挑衅是孩子试图让自己感觉独立强大的方式。而另一些孩子则会因为感觉自己过于强大而有被威胁的感觉，也会因此变得挑衅。这时他们就会渴望界限。

有时候挑衅是用来试探父母真实想法的方式，看看他们对于自己所说的是否是认真的。然而当最初的挑衅让父母越发愤怒时，孩子可能会试图用更多的挑衅来反抗父母。

挑衅会让父母难以处理，他们常常因为一系列原因而过度反应。

· 挑衅令他们感到愤怒且困惑。

·当对孩子不良行为的失望忍耐到一定程度时，他们就更有可能过度反应。

·挑衅令他们质疑自己的角色："我做出这个要求是正确的吗？"

·挑衅会迫使父母在输赢之间选择一个位置，这令人不安且充满风险。

·他们可能会想象孩子到青春期时会变得更挑衅，而那一刻他们的输赢更关键。

当父母可以理解自身的反应，即使是过度反应，并且让自己恢复控制，他们就更能坚定自己的以及孩子的立场，并且做出有效反应。

首先，需要重新评估你的要求，那是否真的有那么重要；然后重新评估孩子的挑衅，他的挑衅有多么离谱，孩子的拒绝中是否包含了需要被理解和尊重的重要信息。

如果你觉得自己的要求并没有重要到必须执行，那么就优雅地后退一步并且向孩子呈现这个过程中更有价值的信息："我喜欢你的坚持，当你质疑我时，这会让我思考到底值不值得那样做。这一次我觉得你是对的，这并没有那么重要。但是当的确很重要时，我希望你可以遵守我的要求。"

如果你的要求非常重要，必须要遵守，那么可以试着平静而坚定地面对孩子，获得孩子的关注，看着他的眼睛，如果有需要的话可以用手扶住他的脸庞或者将手搭在他的肩膀上，重复你的要求，并且让他知道这是别无选择的事情。尽管你知道他并不想要那样做，但他还是需要做你所要求的事情。保持平静是重要的，这样你们双方都可以聚焦在他所需要做的事情上面。有时候愤怒可能会是一种干扰，也会伴随这个过程而存在。

其次，让孩子知道他会面临怎样的后果。可以先谈谈如果他照做的话会得到怎样的回馈。选择一个合理且与你关照他要做的事情密切相关的回馈，例如"如果你打扫完房间了，那么我们就能把新的画挂上去。"这样的效果通常比惩罚要好。但一旦他已经理解了你的建议，这样的讨论就可以停止了。

如果孩子对于回馈并没有立马做出反应，那么是时候让他知道自己的行为所带来的负面后果了。选择一个合理且与你关照他要做的事情密切相关、同时能够被轻松执行的后果："如果你不马上开始打扫房间，我就会把你掉在地上的东西都捡起来并锁进我的柜子里，直到你准备好收拾它们了为止。"

最后，无论是积极的还是消极的后果，最重要的是"马上
执行"。让他知道："我已经告诉过你一次要打扫房间了，我也
告诉了你当你那么做的时候会发生什么，以及如果你不做的话
会怎么样。我现在最后一次告诉你要马上打扫你自己的房间。
如果你现在不去做的话，我只好照我说过的去做了。"如果孩
子还是拒绝，你必须毫不犹豫地立马执行那个负面后果。在这
一刻，不要回应任何的请求或讨价还价："现在太晚了，你有
过机会，也许下次当我们有这样的讨论时，你就知道我是认真
的了。"对一些孩子而言，能事先知道你的行事方式是有所帮
助的。很快，他们会知道每当自己拒绝你的要求时，他们会接
收一次警告、一次提醒，然后就会面临后果了。

忤逆

孩子可能会试图隐藏自己的忤逆行为，或者他也有可能
炫耀这一点（参见上一节："挑衅"）。通常，年龄比较小的孩
子会公开忤逆父母，试图去了解他们真实的意思，以及他们
是否是认真的。对于父母的试探从孩子第一年就已经开始了。
当坐在高脚椅上的孩子把食物或者玩具扔到地上，观察父母
是否会帮他捡起来时，他知道自己在某种程度上正试探这个

系统："我可以这么做多少次呢？"父母的反应会使之成为一场游戏，孩子已经不清楚什么时候可以扔食物，什么时候则不行。他会一直那么做，直到父母清楚地说："够了！""没有吃的了。"然后把他从高脚椅上抱下来，转换主题并且明确地结束这场游戏。

有些时候，把食物扔在地上不能再被当作一场游戏。当孩子逐渐长大，一些规则也会随之变化。让孩子适应这些变化并立马做出相应调整是困难的。当孩子并不知道或并不确定一条规则时，忤逆就很有可能发生。但当孩子的确知道规则时，忤逆也可能会发生，因为那一刻他无法承受对规则妥协时所产生的挫败感。

面对孩子的忤逆，父母最好后退一步，暂停，然后：

· 保持平静与自控，孩子会通过观察你的行为来学习如何处理他的沮丧感。

· 评估孩子忤逆行为背后的动力。

· 询问他是否知道规则或要求是什么，确保他理解这些规则在当前情境下的确是适用的。

· 如果他的确不知道规则，那么这就是一个学习的契机。

如果他看上去对于自己所犯的错误感到非常意外，并且想要下次做得更好，那么让他承担负面后果也许是没有必要的。但是，如果有机会让他弥补自己的所作所为，你们双方都会感觉更好一些。

· 用你的言行让孩子知道他是忤逆的。用平静和低沉的声音（相比失控大喊，这可以更快地吸引他的注意力）说："你不能那么做。我需要让你停下来，直到你可以自己停下来。"这种类型的陈述对于任何年龄阶段的孩子都是管用的。

· 如果有必要进一步采取行动的话，那么你可以使用一些管教方法，例如隔离冷静、独处、剥夺某些特权等。但如果事情并没有那么重要，那么让他知道你已经意识到他的忤逆行为，并且希望他能有更好的行为就足够了。父母可以把管教留给一些更加严重的忤逆行为。

确保孩子能从你的管教中学到些什么。如果孩子知道自己所做的事情是错误的，那么他为什么那么做呢？是太愤怒了吗？还是为了得到你的关注？也许他只是无法抵御诱惑呢？这些原因都无法成为其忤逆行为的借口，但理解他的动机能帮助你决定如何有效回应。如果孩子是把愤怒付诸行动，他依旧需要面对行为所造成的后果并且做出弥补。但他仍需要机会去了解他在对什么感到愤怒，并且确保周围照料他的人也能明白这一点。当孩子为了得到关注而忤逆时，他所需要得到的回应并不是更多的关注，那样的话会强化他的忤逆行为。但是在其他一些没有出现忤逆行为的场合，可以给他更多关注。当孩子因为难以抗拒冲动而忤逆时，他依旧需要面对其行为所导致的后果，并且试图去弥补他的所作所为。但他也需要在大人的帮助下学习与冲动共处，以及如何控制它们："下次当你真的想要拿一些不属于你的东西时，你需要试着让自己停下来，并且回忆一下这次发生了什么。"

撒谎

年龄较小的孩子可能会真的相信他们自己的谎言，而另一些孩子则不一定——有时候能够面对谎言的不真实性，有时候则有相信谎言的需求。但当然许多时候，撒谎的孩子知道自己正在犯错误。然而，他撒谎是因为他无法面对自己的所作所为，或者因为他希望能够逃避他所要承担的后果。

当孩子对自己所犯的错而撒谎，这是一个积极信号，至少他知道什么是对错。为什么不因为这个而鼓励他呢？当你帮助他意识到撒谎并不会把他做的错事变成正确的事情时，他可能更愿意听。

学会诚实是一个长期的过程。了解到撒谎并不会改变现实是通往诚实的重要一步，当父母珍惜诚实的价值时，孩子们也会认同模仿，这也是重要的一步。

撒谎在幼儿中是普遍的，因为他们还在努力接受一个并不总是如他们所愿的世界。撒谎让孩子把世界变成他们想要的样子，直到他们不得不面对眼前的现实。他们一定会拿走不属于他们的东西，或者做一些明知不可为之事，然后否认他们做错了任何事情。当控制住自己的欲望太过艰难时，他们也会撒谎。例如，想要"像爸爸一样"的渴望是难以抵御的，很小的男孩会趁爸爸不注意试穿他的衣服或偷偷爬上他的书桌。如果爸爸问："是谁把我衣服弄乱的？"小孩子可能会公开撒谎，并编造出无法令人信服的掩护理由："是小猫弄的。"那么父母可以怎么做呢？

首先，父母要接受孩子的愿望，即使撒谎本身是无法令人接受的。父母也许可以说："我们都知道你说的不是真的。我可以理解你想要玩我的东西，但对于你撒谎我会感到不开心，你没有必要这样，我可以接受这个现实，你也可以的。"类似这样平静的回应会让孩子觉得没有必要撒谎。

年龄更大的孩子撒谎时似乎更令人信服，这令父母更愤怒，也更令他们担忧。当孩子试图耍他们时，父母一定会感觉愤怒，特别是当孩子获得阶段性胜利的时候。当孩子撒的谎更加天衣无缝，或者更加真假难辨时，父母们就会担心这些新的能力是否会变成孩子人格中的一部分，并且他们会开始犹豫自己是否要信任孩子。

当孩子撒谎的技能日益成熟并一直持续，那么是时候思考一下为什么他依旧难以接受他所要的东西是有限制的。也许可以问问他为何觉得要如此周密地撒谎，当孩子经常通过撒谎来掩盖自己的所作所为时，他需要更多帮助才能学习与真实世界共处。

首先，他需要知道自己的愿望是可以被理解和接受的，尽管不能被付诸行动。如果他知道当父母了解他的愿望时并不会贬低或羞辱他，那么他就可以依靠父母来帮助他承受那些愿望无法被满足的体验，这样的话也许他就不需要再撒谎了。但在另一方面，如果父母回应谎言的方式是批评撒谎行为以及其折射出的潜在愿望，那么孩子可能会持续感觉他需要维护那些愿望，并且对父母对其撒谎的那些担忧不管不顾。

如果父母在孩子撒谎后利用其内疚使其不知所措，那么孩子用来自我保护的方式也许就是告诉自己那些谎言都是真实的，并且他从来没有撒过谎。显而易见，重复的撒谎现象就是通过这种模式建立起来的。

当然，重要的一点是父母要清晰表达撒谎是不能被接受的。但最终，当孩子没有撒谎的动力时他就会停止这种行为，并且他也学会了自我批评类似的行为。如果父母太过严格，他会因为拼命捍卫自己而无法真正审视自己的行为。

当年龄较大的孩子撒谎时，重要的是向他保证："我爱你，但我不想听见你撒谎。"然后，父母可以帮助孩子理解他撒谎的缘由："我并不明白为什么你那么说，你呢？有时候，当人们无法面对现实时他们就会撒谎。"孩子需要知道的是，为了谎言而做出弥补永远都不晚："去告诉老师实话，甚至告诉她你之所以撒谎是因为实在太害怕了。她会因为你说真话而感到骄傲的，我也会的，而你也会为自己感到骄傲的。"

如果撒谎持续，专业人士的帮助可以厘清孩子撒谎背后的原因。

权力斗争

3岁以上的孩子时不时需要通过权力斗争来巩固自己的地位，有时候这些斗争看起来完全是突然而至的。但很多时候，它们是意料之中的，通常伴随着父母所提的要求。此时大发雷霆的状况可能已经有所减弱了，但权力斗争则在属于它们的战场上生生不息。

当你作为父母感觉被牵扯进这样的战斗中，或者在某种程度上退回到了孩子的心智水平，你有机会赢得战争吗？也许，你表现得非常愤怒，并且摆出你更强大且能控制局面的姿态。这样你依旧能达到你的目标吗？是的，如果你走开，等待孩子自己平静下来，然后不由分说地执行你给他的指令。如果孩子再次反抗，再走开。无视孩子是一种有力的惩罚，因此不要滥用它。当父母走开时需要给孩子清晰传递如下信息："当你能够平静下来时，我会回来的"，而不是"因为你是个坏孩子，所以我不想要你"。如果这场斗争本身并没有那么重要，就别把它太当回事，把精力留给更重要的状况。如果这场斗争所涉及的问题是重要的，那么要让孩子确定意识到这并没有回旋余地，要么就是他服从，要么就是让他承担一个后果，从而帮助他理解你的指令的重要性。这时，你和他都已经意识到了对权力的试探是无法再被容忍了。

离家出走

当我自己还是个孩子时，祖母家距离我们家有几个路口。每当我想要惩罚刚刚责骂或惩罚过我的父母时，我就会"离家出走"去祖母家里。我会想象自己突然消失了会令他们多着急："他走了，我们失去他了，我们如此严厉地对待他到底有没有必要？"当远远站在一边时，我乐于见到他们痛苦的样子。当然，他们知道我去了哪里，所以我的复仇大计并没有真的管用。但在我的脑海里，这么做是有用的。

离家出走对于不同年龄的孩子而言意义不同，同时还取决于孩子是如何离家出走的，以及离家出走去哪里。很多小孩子可能会时不时地声称自己要离家出走，因为他们被责骂、惩罚、羞辱，或者他们试图获取他人关注的行为是徒劳的。通常，他们宣布这个决定时的状态是非常戏剧化的，目的就是看看有没有人真的在意。然后孩子可能会气呼呼地回到房间，开始把一些重要的东西打包。事实上，他有可能会在走出房间之前改变主意，或者可能会蹑下楼梯走到大门口，内心暗自希望父母会制止他；也许会再次大声宣布他真的要走了，而且再也不会回来了。他关上大门的声音是如此之响，以至于家里每个人都能听到。他会沉重地走下门口的台阶，回头看看是不是有人会过来制止他。如果没有的话，他可能会在自己家或邻居家房子边坐下，或者如果他非常不安，也有可能去附近的朋友家。

如此这般"离家出走"的小孩子是在与父母发生冲突后试图寻求某种程度上的安慰——父母是在乎他的。他也可能想通过这样的过程感受到自己的强大，而不是弱小无助。在离家出走的背后也有愤怒："如果你不在乎我，那么我也不需要你。"这仿佛是他通过行动在诉说的内容。

父母当然要密切关注孩子。如果父母自始至终可以看到孩子，或者孩子所前往的地方非常安全，那么他可能会受益于这样的"冷静"时刻，可以让自己复原。如果他没有马上回来，父母要找到他并向他保证父母是爱他的，无论发生了什么。父母不能在这个阶段和孩子一般见识。相反，要认真对待他的感受，而不是贬低它们，特别是当孩子刚刚经历过戏剧化的行为时，不然的话他就有可能出现更加戏剧化的行为。当然，如果他去的地方超出了父母目力所及的范围，或者独处对他而言有诸多不安全因素，那么就必须马上找回他。

当一个年纪较小的孩子冲动、愤怒或压力重重地冲出家门时，父母一定要追上他并且立马"抓住"他，这是因为小孩子的行为并不能被预测且可能是危险的。当孩子不开心持续了一段时间，或者对一些困难的生活事件感到压力重重，例如死亡或其他丧失，在学校里经历霸凌、创伤事件等，那么也必须立马把他带回来而不是任由其离家出走。因为在这种情况下，孩子可能是试图去和失去的心爱之人团聚，或者不惜一切代价试图逃避一种实在令人难以忍受的场景。年纪大一些的孩子在离家出走时则不再是为了实现这些幻想，而是对那些他们想要逃开的情境更加绝望。

无论是上述哪种状况，迅速带回孩子之后的首要任务就是安抚他并且帮助他平静下来。而下一步则是确保孩子知道那些在乎他的人依旧是在乎他的。你会感觉到他的身体放松下来，并且当你拥抱他时他也会依偎在你的怀里。然后，当他准备好的时候，让他有机会去了解究竟是什么东西在困扰着他。最后，一起思考一下除了离家出走以外，还有什么解决方案可以试试。但那些在冲动时会离家出走、年龄大到已经可以跑去难以找寻的远方、刚经历过丧失或创伤或者正经历阶段性压力的孩子其实是在寻求更多的帮助，而不仅仅是想确认他们是被爱的。也许他们会需要精神卫生专业人士的帮助。

在如今的美国，当孩子独自走在外面时，他的安全已经无法得到保障。离家出走已经成为一种严重的问题，父母也无法接受孩子将离家出走作为反击的方式，哪怕只是持续很短的一段时间。在如今更加危险的世界中，父母和孩子都需要明白这一点。

分离

很多年龄较小的孩子讨厌被留在幼儿园或学校时所要面对的分离，他们很有可能会以大发雷霆的方式进行抗议。只要你还在他的视野范围，大发雷霆会不断持续。当你起身要走时，孩子会开始新一轮的爆发。在那一刻父母感觉自己是崩溃的：

"我怎么能把他留在如此可怕的状态中？我其实并不想离开他，他看起来也没办法管理好自己。"有些老师可能会敦促你"快走吧"，并且说随后他会平静下来的。他们是对的，孩子大发雷霆的目标就是你。

为了避免这样的问题，孩子刚去一个新学校时的头几天都要计划陪着他，在你离开之前，提醒他为与你分开做好准备。同时带上他最喜欢的毛绒玩具或者特殊的小毯子，这样当你离开时他依旧可以紧抱着那些物件。告诉他你会在那里待一段有限的时间，然后你就必须要离开了，但你还会回来的，提醒他你每次都会回来。当你第一次带他去新学校的时候，使他和老师建立联系。一起观察钟表上面的时间，然后在计划好的时间离开。如果有可能的话让他和朋友待在一起，或者留给某个老师。向他保证你知道老师会好好照顾他的。他会依靠你来做出类似的判断，并且如果你对此心存疑惑，他也会敏锐地感知到。

心思比较细密的老师会和孩子玩藏东西的游戏："你看小球去垫子下面了，它在垫子下面的时候我们看不到它，但我们都知道它还在那里。快去拿吧！你看，它一直就在那里，即使你看不到它，就像妈妈一样。"

为了处理你自己对于分离的体验，你可以躲在教室外面看看他不安的时间持续了多久。你可能会惊讶于他调整过来的速度。也许你也可以通过写日记来提醒自己状况变得更好了。

当你回来接他时，提醒孩子你遵守约定回来了，再次向他保证当你明天把他留在学校时，也不会违反自己许下的承诺。

在一天结束的时候，孩子们很有可能会在父母来接时崩溃，大发雷霆在那一刻很有可能会发生。幼托或学校的老师可能会说："他一天都很好——和我们在一起的时候。"但很少会有人说："孩子一天都很想你，并且非常努力地想要做个大男孩，直到你回来的时候！现在他知道自己能够让所有人了解到没有你的一天是多么不容易。"一整天不在他身边可能也会让你感到无比内疚，因此面对他这些正常而健康的抗议时，可能会令你感到痛苦，你甚至可能想让他闭嘴，记住千万不要那么做。

无论抗议有多么大声，安抚他并紧紧拥抱他："我一整天也非常想你，现在我们又可以待在一起了。"如果孩子无视你或者拒绝和你一起离开，这也是他抗议的一部分，并不代表他不想你，紧紧拥抱他。

手足之争

当家里不止一个孩子时，手足之争是不可避免的，但关爱和竞争是一体两面，都无法撇开另一方独自存在。彼此关心源于彼此学习，而彼此学习则源于兄弟姐妹之间显而易见的争斗。每个孩子都会从打闹和竞争中学到很多。当和兄弟姐妹或同伴相处时，同情、关爱、保护彼此的观念都会逐一涌现。当孩子是家庭里的独生子女时，他就必须找到其他方式来学习这些。

父母有可能会对此太过紧张："他们为什么总是打架？他们难道不知道要关心彼此吗？我应该站在哪一边呢？每当我介入的时候，事情总是变得更加糟糕。"当然会这样，因为孩子们之间的许多打闹是针对忧心忡忡的父母而产生的，因为每个孩子都会试探一个问题："父母会一样爱我们吗？"所以，你要尽可能远离他们之间的纷争。你怎样能知道要责怪哪方呢？事实上，你永远不可能知道谁需要对此负责。

如何回应兄弟姐妹之间的纷争

1. 平静介入并且询问状况。

2. 如果没有流血事件，没有孩子出现身体受伤的迹象，并且周围没有危险物品，那么父母则可以说："这是你们的战争，不是我的。等你们的战斗结束的时候让我知道一下，那时候我会回来的。"令你惊讶的是，这样说完之后战争升级的可能性微乎其微。你甚至可以补充说："你们两个需要自己解决这个问题。"

3. 如果较小的孩子还是个婴儿并且无法保护她自己，那么你当然需要对此负起责任来，要确保大孩子无法接近或伤害她。相应地，要教育年长的孩子如何去照顾和保护小婴儿。当较大的孩子为了小婴儿而抑制自己的怒火时，要让他为自己感到骄傲。

当年龄较小的孩子学会如何保护自己——她最终会学会的，父母要开始退出他们之间的战争。让他们学会了解彼此，他们最终也会了解彼此的。如果他们能够独立平息他们之间的争吵而不需要父母的介入，要让他们感觉到这是一种长大的象征，他们也能够为之骄傲。

当每个孩子都能照顾自己时，在你不在场的情况下他们互相伤害的可能性会更小。除非父母在场或卷入其中，我并没有听说过有孩子在和兄弟姐妹打闹时真的受伤的。恰恰是三角关系会激化竞争。

如果有一场真正的打闹而其中有人受伤了，一定要安抚双方，因为攻击者可能会和受害者一样害怕。攻击别人的孩子当然需要界限（"这不能被接受"）与承受后果（"直到你自己平静下来并且道歉，不然你再也不能和她玩了"）。但这些做法只有在你第一时间帮助他理解自己的感受，并且找到方法重获自控时才会有意义。有的父母给孩子买了一个"击打玩具"，是一个真人大小、可以给孩子击打的娃娃。"当你感觉想要去打弟弟的时候，去找你的击打玩具然后打它。你之后会感觉好一些的。我们都需要学习如何控制这些感受。每次有人在结账台前插队时我都会那么做，我已经学会了，你也会学会的。"

"被宠坏的"孩子

当把"被宠坏的"标签贴在一个孩子身上时，这意味着他从不知道他的界限在哪里，也没有学会自娱自乐或自我安抚。他很有可能生活在一种被过度保护或者过度纵容的环境中。这样的孩子也常常抱怨、啰唆，并且容易频繁哭泣。

当孩子通过哭泣试图获得关注时，他是不是"被宠坏的"孩子？孩子在第二年甚至第一年哭泣时，针对的是父母并且没有显著的起因，这种获取关注的方式只会让所有人退避三舍。当孩子经常使用这种类型的哭泣，且本身充满焦虑缺乏支持，那么也许他的确是"被宠坏的"。尽管这种有所需求的哭泣是为了得到成年人的回应，同时也传递了一个信息："你满足不了我。"

有些父母可能会试图为这样的孩子做所有的事情。也许在孩子生命早期出现了一些令周围人担心的事情，例如早产、疾病，或者由于家庭问题而对孩子造成不良影响等。父母可能会感觉他们在养育孩子方面是失败的。而那些在自己童年时经常经历挫败感的父母，他们可能会想要在自己孩子身上进行弥补。

通常，当孩子必须要面对一些压力，即使是非常细微的日常压力，父母也会快速介入。那样的话，孩子就会失去自己面对挑战、挫折的机会，失去再试一次的需求。他没有机会体验那些非常重要的感觉："这是我做的！"这种感觉对他未来的自我形象非常重要，能让他体验到成就感。

面对类似这样的孩子时，父母需要重新考量自己的管教方法。也许是因为他们没有给孩子足够的空间，也许他们并没有给出足够清晰的界限来让孩子感受到被爱。面临类似状况的父母可尝试以下方法。

1. 重新评估你对孩子的规则和期待。然后设定清晰的界限，并且坚信它们会帮助到孩子，坚定执行它们而不是惩罚孩子。

2. 让孩子有机会体验自己获得的成就感。

3. 让孩子能在完成一些任务的过程中有机会去体验自己解决问题的感受。

4. 把每个成就所带来的满足感还给孩子，可以用"你有没有意识到自己刚做的事情？你难道不为自己感到骄傲吗？"来替代"我为你感到骄傲"。

5. 当他体验一系列挫折的间歇，为了让孩子确信你没有冷落他，把他抱起来并且表达你对他的爱意。这样当你再次说服他的时候双方都会感觉更安全："你自己去做。"

偷东西

就像很多小孩子试图通过撒谎去改变他们所不能接受的世界，他们也会拿走那些如果不拥有就无法忍受的东西。当一个2岁孩子看到自己想要的玩具，而另一个孩子正玩着这个玩具，使这个玩具看上去更吸引人了，他会冲过去并抢走玩具。当另一个孩子发出抗议的叫声，他会把这个玩具紧紧抱在胸口，然后说："我要这个玩具，这是我的。"在这个年龄阶段，偷东西还是很容易处理的，因为孩子还没有学会对此感到内疚，也不会想要隐瞒自己的所作所为。

这种类型的偷窃，对孩子来说是学习的好机会。界限当然需要树立：“拿走别人的东西是不被允许的。”但还有太多其他需要学习的方面。这个年龄的孩子需要父母的帮助来学习处理那些无法满足的愿望，去学习关于个人物品的规则，以及轮流、分享，并且开始思考被偷了东西的孩子可能会有怎样的感受。这些都是管教的目标，并且为了实现这些目标，父母的第一项任务是帮助孩子充分接受所有这些新信息。对孩子吼叫、恐吓或令其内疚到不知所措都不会帮到孩子，特别是当他已经被自己的情绪力量所吓到时。

在设立界限之后，停下来看看他此刻是否已经感觉足够糟糕，能够把玩具归还。如果他能自己把玩具还回去，鼓励他为自己感到骄傲，不仅是因为听从了你的话，更是因为他主动做了一件他自己觉得正确的事情。对于孩子来说，长期目标是能够在父母不提醒的前提下在乎自己所做之事是否正确。

如果孩子依旧很激动无法放开玩具，那么就可以对他说：“我能感受到你多么想要那个玩具，以及必须把它还回去会令你多么难过，但这不是你的，你并没有问小朋友你是不是可以用它，并且也没有人同意你用它，你要把它还回去。”这样的方式可帮助他理解超过自控范围的那些情感，同时也向他建议了解决方法，即可以在得到许可的情况下借用别人的玩具。

如果孩子依旧不愿意归还，也许是他对这个玩具的渴望强烈到难以自制，或者他想要发起一场权力斗争。无论是哪种情况，协商谈判已经不再有帮助了。相应地，这时要盯着他的眼睛并且坚定地告知他："你需要立马把玩具送回去，如果你做不到的话，那么我必须把它从你这儿拿走并还给小朋友。"如果他没有遵从指令的话，那么你必须自己执行这一方法，并且做好准备迎接他的泪水与抗议："但这是我的，我想要它。"如果他大发雷霆，那么就需要先让他自己平静下来，再从事件中吸取教训。

一旦他做到了，你需要把他抱起来并安抚："我知道你非常想要那个玩具，你那么想要它以至于会幻想那就是你的，想得到而得不到的一些东西是如此令人难以忍受的体验。"当你在安慰他时，也是在教他如何处理心里那些不安的感觉。你是在帮助他如是面对那些真实世界中所必须要面对的情感，而不是通过撒谎或偷窃来试图改变它。他的啜泣会放慢且变得轻柔起来，很快他就准备好聆听规则，并且一起参与寻找处理未竟愿望的方法。你也许可以说："这是你的学习机会，让你知道不能拿走不属于你的东西，无论你多么想要拥有它们。"停下来，观察一下他是否会抬头看你并且盯着你的眼睛。给他时间来消化这些信息，然后你也许可以问问他，如果有人拿走了他挚爱的玩具，那种感觉会有多糟糕。

类似这样的事件也让父母有机会帮助孩子学习如何解决问题与增强社交技能。这可以帮助孩子意识到想要别人的玩具的确是个问题，并且可能有其他解决方式："你还有什么解决方法呢？"他也许会迷茫地看着你，但如果他准备好了倾听，你可以提供建议："也许你可以做个交易，你可以问问朋友他是否想要试试你的玩具，同时是否可以让你玩会儿他的玩具；或者你可以问问他你是否能借那个玩具，并且答应你玩好了会还回去；又或者你可以问问他是否愿意在一小段时间里和你一起玩那个玩具。然后你就会找到能够一起玩他那个玩具的方式，或者你可以等着轮到自己。"借玩具、等待轮流、分享，以及给予和索取都是这个年龄阶段的孩子需要学习的。通过这些机会不断重复操练是学习的必要过程，也能让孩子较早开始这一学习过程。

如果孩子还在生闷气："我就是想要那个玩具"，父母所能做的除了通过物归原主而明辨是非，也需要对他表示同情："无法拥有你想要的东西真的很难。"此时他正在学习如何生活在一个真实世界里，而非他幻想中的那个世界。在接下来的几年，还有许多这类学习的机会。如果每次都能被平静而坚定地处理，那么愿望和现实之间的差距就会逐渐明朗，同时他会变得诚实。

当孩子年龄渐长，也会有其他偷窃理由。记住，永远不要忘记看看事实背后的动机：孩子是否是在尝试告诉你一些重要的事情，比如"我觉得很孤独，很不舒服，我想要变得和其他孩子一样，特别是我偷他东西的那个孩子。""我需要证明自己有多坏，这样我就能以更安全的方式控制自己。我很害怕自己不能控制住自己。""我的生活里缺失了一些重要的东西，但我不知道那是什么，因此我会拿那些自己可以得到的东西。"

即使在这些状况下，管教的第一步都是明确表示偷窃是需要被面对的问题，并且无法被容忍。然后父母需要帮助孩子理解他偷窃的原因："我知道你明白拿别人的东西是不对的，你知道自己为什么要那么做吗？"通常孩子并不知道。如果他觉得这是个值得思考的问题，那么意味着他开始控制自己的行为。如果孩子回答："因为我想要，我并不觉得自己会被抓住。"那么这就是一个重要的契机，可帮助孩子思考为什么人们要做正确的事情，即使当他们可以不那么做的时候。理解这一点是任何孩子发展过程中的重要一步。当一个年龄较大的孩子看起来难以沟通，并且持续偷窃的原因不明，那么他可能需要儿童心理治疗师的帮助。

有时候大孩子偷窃是为了成为小混混："你看，当我在商店的时候可以这样拿走东西，我很酷。"父母所要做的基本一点是坚持要孩子把偷来的东西还回去，不然可能无法清晰传递"偷窃是无法被接受的"信息。但父母也可能会感觉绝望并且反应过度。如果能够看见孩子偷窃背后的动机，可以和他聊聊。如果孩子说："每个人都在商场里偷东西。"那么父母则可以反问："那你真的想要和那些人变得一样吗？"

当年龄较大的孩子偷窃时，他们可能缺失一些早期教育。当他们长大后，这些通常是更加难以学习的部分。如果没有在更早的时候给孩子设立界限，并且孩子偷窃后没有受到惩罚，那么当孩子长大后，在偷窃行为发生的各种情境下，父母越来越不可能在场，也无法实施管教。当孩子能够尽早学会这些，父母就可以期待在自己不在场的情况下，孩子也依旧是有良知的。

咒骂和脏话

在四五岁的时候，孩子开始模仿同伴或父母的咒骂与脏话，但他又是如何知道这些话语会激发成年人的负面反应呢？父母如此骄傲于孩子平常说话的方式，他每天都在学习新的词汇与词组。当他模仿成年人说话时，经常会被他们表扬。突然，他模仿说了脏话，或者像父母那样咒骂，所有人都停止了对话，面色阴沉，也有可能哄堂大笑起来。孩子被这些意料之外的反应弄得不知所措。他再次含糊地说了那些脏话，试图去了解周围人的反应究竟是为什么。充满震惊的沉默与过度反应都有可能会强化孩子不断说这些新的词汇，现在他很可能会一遍又一遍地试验这些词汇，并且越来越大声。

在最初的震惊和过度反应之后，父母最好可以放松一些，对孩子而言他们是在试验和模仿。父母可能会担心这是不是意味着孩子突然对排泄、性和禁忌行为充满了兴趣："接下来还会发展成怎样呢？，"父母还会考虑孩子是不是被猥亵了。各种各样的恐惧开始出现。但这种试验本身是普遍甚至是正常的（除非他所使用的语言充满了这个年龄不可能在家中或同伴那里了解到的细节与性欲化特质）。

对于孩子的咒骂和脏话，成年人不要过度反应，如果你必须对此说些什么，可以说："这样的说话方式会令周围人感到困扰，人们并不喜欢听到这些话。"对此你所给予的关注越少，他就越有可能失去兴趣并且停止那么讲话。自问一下孩子是否在模仿一些他所能听到的话，也许你会意识到你和配偶多么频繁地咒骂或者使用那些他所模仿的词汇。

你可能会担心自己的孩子是从满嘴粗话脏话的孩子那里学到这些的，的确有可能如此，但这并不是让他退出玩耍聚会或幼儿园的理由。相反，可以利用这样的机会来让他看到这类话语是如何影响他人的，并且确保他是在乎的。如果咒骂或者脏话持续，你可能需要确认他是否理解说这些话时是会冒犯别人的，并向他解释为什么此类言语会冒犯他人。你甚至需要询问他是不是真的想那么做。如果的确如此的话，那么是时候了解是什么令他如此愤怒，并且提供方法来帮助他。

当年龄较大的孩子经常使用这类字眼，并且频繁咒骂，他们内心通常是缺乏安全感的，并且需要用这类语言来吸引他人的注意力，或者让自己看上去像个长大的、强壮的人。鼓励、认可他们一些值得肯定的特质也许是帮助他们减轻不安全感最好的方式。

在极少数的情况下，当一个孩子经常咒骂时，说明他对所说的话并没有自控能力。例如那些患有抽动秽语综合征的孩子，这是一种并不常见的神经障碍，孩子会不自主抽动，而咒骂、说脏话也是其症状表现之一。但这种情况下的咒骂是不一样的。它们通常是不断重复、突然出现、出现时与当下场景毫无关联、并且还伴随着其他类型的抽动——重复抽动、做鬼脸或四肢抽动。

顶嘴

"你为什么不能把你的房间打扫干净呢？"一个被父母要求打扫房间的孩子愤怒回击道。当一个孩子顶嘴时，他并不确定自己的角色，也不确定父母的角色。他可能并不接受父母的权威性。当一个孩子说"我并不需要必须那么做，你不能逼我"

时，他需要看到父母是如何帮助他保持自控的。他也许是在试探，知道父母在他有需要的时候会给他设置界限，并且他们不会容忍顶嘴行为。

孩子顶嘴，是因为觉得父母刚才对他讲的话令他感到威胁或批评。也许他对此有误解，并且无法从那些言语中吸取教训。也许他能很好地理解那些话，但会觉得那是针对自己的，并且在此刻试图用语言还击。当父母说："有时候你要想想别人，而不只是考虑你自己。"这样的表述是重要的，但对孩子而言也可能太过直接和犀利。孩子可能会愤怒地回应："我才没有！你才是那个需要考虑他人而不只是考虑你自己的人！"在这一刻，他无法聆听父母所说的话。顶嘴能够让他把父母那些令人痛苦的评论推得远远的。但过一会儿，孩子可能会把那些对他而言难以接受的话内化到心里。

当孩子顶嘴的时候，我们可以自问一些问题：他是否感觉自己太过弱小并且从来没人听他讲话，还是感觉自己力量太大而担心没有人能帮助他保持自控？他是否真的了解自己所说的话对他人的影响，以及有没有人让他明白顶嘴会给他人造成怎样的感受？他周围的对话氛围是怎样的？他经常被人嘲讽、经常和别人打架吗？

针对顶嘴的方法

1. 首先设立界限："那样说话是无法令人接受的。"

2. 当孩子抗议或者崩溃，父母应该后退一步并且等待他自己平静下来，然后再帮助他学习如何与他人进行沟通。他甚至可能需要安静一会儿，或者独自在房间里待一会儿。然后给他一个拥抱，或者说一些温和而幽默的话。

3. 确保他知道用这样的方式说话并不会得到他想要的东西。父母不要回应他的要求："当你那样对别人说话时，他们并不会听。但当你能够改变你说话的方式，我会很乐意来听听你想要表达的东西。"

4. 如果他自己无法找到其他表达方式的话，你可以给他建议一些更有效的说话方式。"你不赞同一些事情是完全可以的，但是你要告诉我为什么你不赞同，那样我才能理解。即使我无法改变主意，但我的确很想知道你到底是怎么想的。也许我们还是无法按照你所想的那样去做，但我可以帮助你了解其背后的原因。"

5. 确保孩子知道什么是"顶嘴"，以及这对他人有何影响。"当你那样说话的时候（或者当你用那样的音调说话时），你会让周围人生气，你可能会伤害他们，那样的话没有人会想要听你在讲什么。"用幽默的表达方式以及卡通人物的声音告诉他这些，让他想想人们会对不同音调的叙述有何不同反应，只要他不觉得你是在取笑他就行了。

6. 给他一个机会去道歉："你准备好因为自己那么粗鲁而道歉了吗？""你准备好试着用不同的话语或音调来告诉我你必须要说的事情了吗？"

大发雷霆

大发雷霆通常在第二年开始出现，无论对学步儿还是父母而言，这一年里有那么多的东西需要学习，任务艰巨。但我会把"可怕的两岁"这一标签换成"精彩的两岁"。当学步儿开始走路并且在转角"消失"时，其实他已经出发自行探索他的小世界了。他也开始感受到独立所带来的兴奋，同时也伴随着恐惧。"当我在转角消失的时候，爸爸会在我看不见他的时候依旧在那里吗？""妈妈是否真的会对我自己爬楼梯感到生气？"当学步儿四处探索时，这些代价都是写在他的脸上的。当他踏上征途时，几乎总是会回头看看父母有没有注意到他。

孩子对于独立的复杂情感通常并没有一个明显的触发点，这会令父母感到困惑："他为什么崩溃了？"通常2岁孩子大发雷霆的背后，是分裂对立的两个愿望：既想要独立，又害怕独立。他如此想要为自己做主。如果可以的话，让他做出自己的决定，肯定他想要为自己做主的勇敢尝试。你越是代劳帮助他，他就越不安。你也不要试图阻止他，这样只会把事情弄得更糟。如果他在一个安全的地方，你只需要走开。当他恢复控制，把他抱起来爱抚一下并且说："要做一个决定真的很难，是不是？但你的确为自己做了决定。"

大发雷霆是孩子的事情，不是父母的。父母必须把这个状况留给孩子去处理以解决他内心的疑问："我会还是不会？""我要还是不要？"促使孩子大发雷霆的原因看起来如此琐碎或无法预料，但这对于学步儿来说真的意味着很多。对父母而言，孩子无助和失控的感受也很可能会让他们自己有这样的情绪倾向。正是由于这些大发雷霆会勾起父母的痛苦，所以儿童虐待经常在第二年发生。这些大发雷霆经常发生在公共场合，父母在众目睽睽之下会感觉自己是"糟糕的"家长。当无法帮助或停止孩子那些持续的哀号与崩溃，父母自己会感觉到无助、无力，甚至内疚。当旁观者盯着尖叫的孩子和父母看时，也会加重他们类似的情感体验。我发现最有可能结束这一幕的方法是转身离开。当你走开（确保孩子是安全的），或者停止用公开的方式回应时，其大发雷霆的动力就会丧失。你仿佛是在告诉孩子："你可以自己处理。"

当大发雷霆已经结束时，父母回去把孩子抱起来并且拥抱他，告诉他："当你那么不安的时候感觉会很糟糕。"通过这样的方式，你是在让他知道你可以接受他本来的样子，甚至可以理解他的内心冲突。在某种程度上你也是在说："我希望自己能够帮到你，但我不能。"事实上，也的确是因为他想要自己做决定而不是依赖父母的内在冲突导致大发雷霆。当你后退一步，允许他自己平静下来时，仿佛是在鼓励他安抚自己，例如用一个玩具熊或者吮吸大拇指。当他发现自己可以掌控这些感受时，他就不再会感觉自己被它们操控着。

父母们会问，他们是否可以在孩子变得不知所措之前就把那些事情变得轻描淡写一些，以防止孩子出现大发雷霆的状况。幽默感以及选择在什么问题上较真是重要的。但当你试图保护孩子免于体验崩溃时他会对此有所感觉，并且觉得被贬低了。把孩子养在温室中并不会帮助他学会去处理那些导致其大发雷霆的痛苦地做决定过程。通过这些方式走向独立是他在第二年时最重要的任务。

当孩子5岁之后还持续出现频繁的大发雷霆现象，或者孩子大发雷霆的状况非常频繁且持续时间长（超过20～30分钟），那么则需要儿科医生或专业人士的帮助，排查一些可能隐藏着的问题。

打小报告

当孩子打小报告的时候，他面对的是一种道德困境，我要背叛自己朋友的信任吗？我是否要对那些坏事保持沉默？

当不良行为并不真的需要成年人的干预时，最理想的方法是让孩子帮助另一些孩子看到那些错误并思考如何改变。尽管这对一个孩子的要求可能有点高，但是值得尝试。这会帮助他意识到当一个告密者试图通过这样的方式获得父母的表扬时，他是不会得逞的。

一个打小报告的孩子不该得到奖励，但他要被惩罚吗？孩子内心的两难当然是需要被提及的。当父母对于孩子提供的信息表现出过度感激时，这一定会强化他告密的行为。有限的表扬及帮助他看到告密会如何影响与朋友的友谊也许就够了，让他自己权衡如何在不伤害朋友的前提下处理这种状况。当打小报告的孩子准备好去思考其他的可能性，父母就已经功德圆满了。帮助他想象一下，如果他可以自己去直面朋友，他会多么为自己感到骄傲。尽管如此，如果其他孩子的行为威胁到了他们自身的安全或其他孩子的安全，那么就要鼓励孩子及时让父母知道这些状况。这样的信息披露并不是打小报告！

嘲讽

所有的孩子都会嘲讽他人，这是一种难以令被嘲讽者释怀的沟通方式。或早或晚，孩子们都会意识到嘲讽所具有的力量。当被嘲讽的孩子濒临崩溃时，很有可能会导致局面混乱。有时候嘲讽是支配另一个孩子的方式，特别是对弟弟或妹妹。如果被嘲讽的孩子以嘲讽的方式反击回来，这甚至有可能令人感到好玩。但伤害他人的嘲讽是需要处理的。

1. 试着了解嘲讽背后的潜在原因。那些嘲讽他人的孩子是否感到不安全？他是否需要通过支配他人的方式来获得安全感？嘲讽是否是用来确定地位高低的方式？他是否在交朋友或与其他孩子相处方面有困难？他是否想拼命得到其他孩子的关注？他是否是针对其他孩子身上一些与众不同的地方做出反应，而那些部分会令他感到恐惧？

2. 告诉他他必须停止那么做："你需要停止嘲讽别人，因为这伤害了别人的感受。"如果他不能停止的话，尽量帮助他看到嘲讽背后那些强烈的需求。

3. 如果他还是无法停下来，把他抱起来并且紧紧拥抱他，把他从"受害者"身边带走。

4. 当孩子安静下来并且可以进行沟通时，抱住他并且和他对话："没有人喜欢被这样嘲讽，你这样做是为什么呢？"他可能并不知道，也可能自己无法描述出来。你也许必须告诉他："如果你不喜欢那个孩子，你可以不和他一起玩。如果你的确想要和他交朋友，那么试着和他一起玩游戏，并且在不嘲讽他的前提下多了解他。"

5. 建议他想象一下被如此嘲弄的感受，这样他就可以自己准备好来道歉。他是否能说"对不起，我伤害了你的感受"并且发自内心的那么想；帮助他看到，当他能够开口道歉时，他可以为自己感到骄傲，而不是羞辱。

第六章　特定情景下如何立规矩

总有一些情况，让管教变得更加棘手，而我们不得不面对。

给孩子立规矩

电子产品

　　数字媒体可以让孩子一窥虚拟世界，但它们也给父母带来了双重管教任务：不仅要为孩子使用这些媒介的时间设立规则，还要对他们使用时所涉及的内容与活动有所限制。电子设备只不过是工具而已，它们对于孩子而言是好是坏、有多大影响，这些都取决于使用的频率、方式和目的。如果父母可以花一些时间和孩子一起玩这些电子设备，并且和孩子聊聊她对此的想法以及她所学到的东西，这些都能帮助孩子更加积极地使用这些设备。

　　和电视、电子游戏一样，大部分基于屏幕的活动，比如智能手机、平板电脑和普通电脑等，都是久坐不动的，因此也导致肥胖风险。当考量这些吸引人的精彩技术会造成哪些可能的风险时，不仅要考虑到它们可能导致的直接伤害，也要考虑到那些间接伤害，比如可能会挤占一些重要常规活动的时间等。孩子们不仅需要时间运动，也需要时间游戏、社交、做家务及其他活动以帮助他们培养出一系列兴趣和技能，而只从事基于屏幕的活动无法构建起这样的体系。

数字技术所呈现的一些内容和互动方式也会带来潜在危险，父母们需要保护孩子远离那些危险。很重要的是要阻断孩子浏览"少儿不宜"网站的方式，并且远离那些可能会有居心叵测的成年人试图联系孩子的网站或社交网络。如果阻断浏览通道是难以实现的，那么你必须监控孩子使用设备访问互联网的行为，直到他们能够理解和远离潜在危险，并且能够证明自己是具有这种能力的。

让孩子乐意放下电子产品

美国儿科学会推荐尽可能限制儿童使用屏幕的时间，或者在孩子2岁前完全禁止，2岁之后每天不能超过2个小时。其实只需下面简单几步可以使父母轻松搞定。

1. 不要把使用平板电脑或智能手机作为一种奖励，并且也不要把拿走它们当成一种惩罚。不管是哪种方式，这都会使它们看起来更加特别，并且当使用时间结束时会发生斗争。

2. 当想要分散孩子的注意力和让他们自娱自乐时，不要把平板电脑和智能手机作为首选或最频繁使用的手段。如果你那么做的话，孩子会很难发现其他自娱自乐的方式，并且使用时间结束时，斗争会变得更激烈。

3. 一定要把电子设备放在孩子拿不到的地方，何时使用以及何时结束都应由你来决定。

4. 当孩子在场时，尽量减少你自己使用那些设备的频率。孩子会观察你，想要用你的方式来做所有事情，并且他们的观察细致程度可能超过你的想象。

最重要的是，让孩子尽量接触不同的活动——体育活动、涉及各种玩具或物品的游戏，毫无疑问，还要多接触不同的人。当孩子能够在丰富多样的活动中寻找到乐趣，他们对于电子设备的依赖就会减少，也会在使用电子设备时间结束时更容易放下它们。孩子是使用他们所有的感知觉和身体去进行探索和学习的科学家。当他们能够遵从自己的好奇心，并且自己发明工具去探索世界时，那是最棒的。

儿童需要周围的人（例如父母、老师、儿童图书管理员等）来帮助他们找到适合其发育且有教育意义的电子数码内容，也可以降低他们接触那些儿童不宜网站和网上互动的风险。最好的儿童数码科技玩具是那种允许他们自己使用技术编程的玩具，而不是让他们被程序所掌控。老师和儿童图书管理员对于适合儿童的数码玩具和活动也许能给出合理建议。

隔代管教

祖父母和父母共同管教时

对孩子的管教通常不是爷爷奶奶们最担心的事情。"当爷爷奶奶比当父母要容易多了。我的任务就是宠着孙子孙女，然后让我的孩子们看看管教孩子是什么样子的！"祖辈并不是必须要养育孙辈，他们的职责也并不是真的要去宠坏他们，而是享受天伦之乐。而且，他们也能让孩子更了解自己的家族，从而进一步看清自己是谁。

当祖辈把教养的职责留给父母时，他们是对的。他们需要尊重父母的规则与要求，并且至少要避免贬低他们。我的孩子曾明确向我表明，现在轮到他们自己从错误中学习如何养育孩子了。他们会说："爸爸，你不要管。"这对祖辈而言是很困难的，特别是当他们看到自己的孩子艰难地寻找如何为人父母的时候，但也许这是最好的建议。

如果必须由爷爷奶奶带孩子时，爷爷奶奶可以说："当你和爸爸妈妈在一起的时候，你需要遵守他们的规则，但你和我在一起的时候，你要遵守我的规则。"这听上去可能令人感到吃惊，但到了四五岁的时候，大部分孩子都能够接受和尊重这种差异，特别是当父母和爷爷奶奶对彼此的规则表示尊重时。孩子们有可能会质疑一些规则，以使一些他们更喜欢的规则可以适用于所有场景（"在奶奶家里我们不必那么做！"），但他们能够也会接受的一点是："这在奶奶家是可以的，但我们家有自己的方式。"当父母和祖辈公开反对彼此的规则时，问题就会出现，这时候孩子就会左右为难，遵守一方规则似乎就是背叛了另一方。孩子们会试探规则，直到成年人之间达成共识，或者在不把孩子夹在当中的前提下消除分歧。

当祖父母成为主要照料者时

当祖父母真的在养育孙辈时，对他们而言管教就是一个更大的顾虑。对很多父母而言，幼托机构太过昂贵或教学质量参差不齐。很多父母必须工作更长时间，甚至为了一份工作而住在不同的城市。这样的父母可能会需要他们自己父母的帮助。另一些父母则会在独自抚养孩子时寻求自己父母的帮助，或者他们正半工半读，或者他们面临着精神问题等。

当祖父母承担起了孩子首要照料者的角色，他们就再也不能回避管教者的角色了。相反，如果他们的孩子没有办法如愿照料自己的孩子，那么祖辈在管教孩子时可能需要变得更加坚定与清晰。

当祖父母成为孩子的主要照料者时，孩子们可能会以对于父母的忠诚为由对其进行挑战："我不需要做你告诉我的事情，你根本不是我的妈妈！"很小的孩子从父母家搬去爷爷奶奶家时可能会感到困惑。当孩子面对一些无法解决的问题时，他们也会不断试探底线："把我送去奶奶家是否因为我不乖？她怎么不告诉我要怎么做？"

回避管教只会让这些状况变得更糟糕。每个孩子都需要知道，无论是谁在照顾她，当他们对她进行管教并且容忍他们不可避免的抗议时，对方都是在乎她的。

单亲父母

管教对于单亲父母而言格外具有挑战性，因为他们感觉自己必须扮演两个角色："我必须既当妈妈又当爸爸。没有人会帮助我，没有人可以商量，我既是照顾者也是管教者，没有人可以和我分担那些'不可以'，也没有机会可以放松一下。"

通常，当单亲父母的内疚及无力感横亘其中，管教就变得格外艰难。很多人担心孩子失去了爸爸或妈妈，会责备自己。他们一定会在某些时候想要收回自己管教孩子的念头，仿佛那样就可以弥补一些孩子或他们自己感觉缺失的东西。但是当单亲孩子可以像其他孩子一样被管教，很多孩子长大后也会为他们的自力更生和团结和谐而感到骄傲。当单亲父母看见孩子们在这方面的积极适应能力，他们更容易放过自己，并且更加坚定地管教孩子。

单亲父母可能会感觉没有人可以替代配偶在家中的位置。很多人最终会意识到，他们的孩子会拼命从生命中其他成年人的身上汲取这部分，例如祖辈、叔叔阿姨、邻居、老师，以及他们朋友的父母等。如果足够幸运的话，也许能找到一些价值观相近的成年人，能够共同分享单亲父母为孩子所制定的规则。有一些成年人则会成为孩子积极向上的榜样。单亲父母也可以找到合适的成年人去谈论他们正在处理的管教问题，以及他们正打算采取哪些解决方案。通过这样的沟通，这些成年人甚至可以加入单亲父母的阵营，让孩子面对"统一战线"。这样的"统一战线"对于非离异家庭的孩子而言也是需要的，有时候他们也无法得到。

长期患病的孩子

当生病时，孩子一定会发生退行。她当然需要你的拥抱和依偎，放下一些你平时对她的期待。当你能用这样的方式安抚到她时，你也会感觉好一些的。当疾病好转痊愈时，你们双方都会很快回归生病前的状态。然而，如果是面临长期的疾病状况，那么很多地方会变得和平常不同。

当孩子患有严重疾病时，整个家庭都需要为此做出调整：一些日常活动和作息时间可能要让位于就医和治疗；面临缺席一些学校课程；突发的症状会耗尽每个人的体力并且把所有精力集中在患儿身上。当疾病持续，孩子也会对生病和随之而来的各种限制感到难以忍受。有时候，被当成一个"小宝宝"似的对待也会令孩子不适，会让他们觉得这是生病所付出的另一种代价。

当对一个生病孩子的期待和生病前相同时，这会让她感觉自己不再只是个小婴儿，仿佛可以更"正常"一些，尽管针对她的一些要求可以稍微降低一些。要求她和其他家庭成员一样遵守平常的规则，这同样会保护她的自尊：无论病得有多重，当她的行为不良时都会令自己感到糟糕。如果让她有机会参与家庭的日常活动与家务，也许她会对此心存感激，即使那只是一些简单的事务，例如叠衣服或者决定晚上吃什么。这些方式都可以帮助孩子找回自己过去的感觉，或者至少接近那样的感觉。

当周围人对待患儿毫无原则时，她会感觉毫无希望。对父母而言，针对孩子目前的特殊状况选择和坚持合适的规则可能会花去他们一定的精力和时间，会令本就疲劳的他们倍感压力。但孩子会对你们试图为她建立起合适规则的努力而感动，无论她对这些规则本身看起来有多少怨言。不要指望她会因此感谢你，但是她很可能会感受到自己的身份并没有因为疾病而变得卑微，并且她依旧可以按这些规则来参与整个家庭的活动。

对待患儿和健康的孩子，你可能需要不同的规则。如果的确如此，那么你需要向所有人解释公平并不等于一概而论。

学前教育

当全民关注幼小衔接问题的时候，许多学前班或幼儿园老师们会面临压力，他们会把一些小学生的功课带入日常教学中。太多时候我们对于早教是有误解的，人们认为早教就是让小孩子学习那些更适合大孩子的课程、要求等。

三四岁孩子的学习方式和五六岁孩子并不完全相同。相比年龄较大的孩子，三四岁孩子在学习时更多使用的是感官、整个身体或肢体。年龄较大的孩子更关注真实世界背后的原理，而三四岁的孩子更关注的是什么是真实的，而什么并不是真实的。他们会用游戏和想象来学习了解自己、彼此和周围世界。如果他们没有丰富而充满启发性的机会去体验这些，无聊可能会导致其不良行为，如同压力太大一样会导致不良行为。

小孩子的日常节律也是不一样的。他们需要更长的休息时间，更多的身体运动；他们的关注时间更短。当在教学活动中可以把这些因素纳入考量时，可以帮助孩子们发展出具有个性的能力，例如坚持、毅力、灵活、对挫折的耐受力、学习动力等，这些特质都会帮助他们在其人生中成为很好的学习者。

逼迫小孩子像大孩子一样去学习并不会奏效，相反，这很有可能会激化矛盾，而且会让一些孩子厌学。孩子坐立不安、发呆、大发雷霆、逆反和拒绝写作业，甚至厌学等，其实是在向父母、老师传递信息：长时间坐在书桌旁、做作业、做卷子、死记硬背和测验考试等并不是他们学习的方式。

尽管如同我们之前所说的那样，没有任何借口可以宽宥其不良行为，但重要的是去倾听孩子行为背后的声音。如果那些行为告诉我们的是孩子目前被逼迫的学习方式并不符合他们的发展规律，那么我们就要帮助他们适当减压并反思我们的所作所为。当然，没有一个父母可以解决教育体制中所存在的问题，也没有任何一个老师能做到。但在这种情况下，我们必须要自己弄清楚早教中有哪些趋势变化是对孩子有利的，而又有哪些变化是在伤害他们。

分担家务

在经济形势严峻的时期，很多父母不得不做额外的工作，例如有时候同时做两份或更多的工作，或者白天上班夜间加班。这时孩子们可能需要承担起父母的缺位，只要他们所承担的家务是在他们年龄范围以内，不会给他们造成心理负担，并且没有干扰他们的学习与游戏时间，那么因为家庭原因而帮忙对孩子而言是一种积极和有回报的体验。当孩子生活中的其他人，例如老师、亲属、朋友和朋友的父母也将之视为积极向上的，那这种体验更有可能会发生。

家务有时是好玩的，但并不总是如此，娱乐并不是做家务的首要目的。因此，孩子一定会厌烦、懈怠并且试图逃避做家务，当他们长大后就会有各种各样的方式那么做。这类不良行为都是意料之中的，但父母需要不断对此进行回应。

有时候，用中性的、实事求是的口吻去告知孩子无法完成家务的后果是最合适的："直到你把餐具都准备好了，我们才会坐下来吃饭。"有时候，温柔的鼓励或者一些小小的幽默完全可以表明你的确理解她的感受，而且是有用的："我知道这并不是你最喜欢做的事情，但我们快要做完了，等我们做完的时候，还可以找些更无聊的事情来干！"

哪种情况表明家务过多呢？当斗争开始变得频繁，并且损害了你和孩子之间的互动与关系，那么也许你需要后退一步重新评估一下。如果在你所在的社区中，孩子所做的家务比其他孩子要多，那你就需要听一听她对这一问题的想法与顾虑。如果问题在于她需要处理的家务太多，或者对她的年龄而言家务难度太大，那么要调整一下，但不要让她完全停止做家务。如果你那么做的话，你就是在鼓励她的牢骚与抱怨。相应地，你可以简单回应说现在要调整和尝试一些新的家务，然后选择一些更简单且花更少时间的项目给孩子去做。

给孩子立规矩
Discipline

致谢

我们想要感谢理查德和蒂维亚·克雷默以及哈林儿童区的居民们，他们是最早促使我们写下这本简明指南的人，其中谈论了对父母而言最重要的话题。如果没有他们的远见，这本书是不会被写出来的。也感谢杰弗里·卡纳达、玛丽莲·约瑟夫、凯伦·劳森和她已故的丈夫巴特、大卫·萨尔茨曼和已故的卡瑞沙·辛格尔顿给予我们坚定不移的支持，从他们身上我们也学到了很多。我们也想谢谢那些美洲原住民同事，他们与我们分享了管教是如何在他们的文化中进行的。

一如既往地，我们想要再次感谢我们的编辑默洛德·劳伦斯，她是如此富有智慧并一路指引。最后，我们想对许多和我们共事过的家庭表示感谢，我们从那些经历中学到了很多。也要感谢我们自己的家庭，不仅为了他们的鼓励与耐心，更是因为那些家庭生活中的灵感也被纳入了本书中。